個人データ保護

イノベーションによるプライバシー像の変容

名和小太郎

みすず書房

個人データ保護――イノベーションによるプライバシー像の変容　目次

I　データ保護を求めて

「プライバシー」という概念は一九世紀末になって認知された。これはマス・メディアの普及とともに生じた理解であった。いっぽう「個人データ」という概念は二〇世紀後半になって定義された。こちらはコンピュータの実用化にともなって現れた理解であった。この二つの概念が、メビウスの輪のように、あるいはクラインの壺のように、たがいにからみあいながら二一世紀初頭のプライバシー論議を仕切っている。

1　プライバシーの発見

「プライバシー」という概念には、当初から雑多なモードが含まれていた。それは私事にかかわる何かとされたが、その何かには、事実も芸術的表現も、人格的価値も経済的価値も入る、と理解されていた。制度的な拡がりでみると、それは不法行為法にも、刑法にも、通信法などの業法にも、さらには憲法にもかかわるものであった。つまり一筋縄では括れない概念であった。このごった煮的な特性は今日においても変わらない。

鼻のまえ三〇インチ

一九六六年、一人の文化人類学者が「鼻のまえ三〇インチのところ、私自身のさきがけが行く」（日高敏隆・佐藤信行訳）という詩の数行を引用し、人も動物のように縄張りをもっている、と主張した。その研究者はエドワード・T・ホール、引用された詩人はW・H・オーデンであった。[1]

オーデンのいう「三〇インチのところ」であるが、かれはこれについて「見知らぬ人よ、寝室の眼差しで、親しむために招く以外は、心せよ、粗野にも踏みこまぬように」と続けている。

ホールは、研究者であるため詩人よりは細部にこだわり、「鼻のまえの距離」という概念を密接距離、個体距離、社会距離、そして公衆距離へと区分している。愛撫、格闘、慰め、保護の及ぶ近さが密接距離、配偶者以外の異性の近づきにくくなる間合いが個体距離、秘書が上司にとる隔たりが社会距離、そして、他人へのしゃべり方の改まる遠さが公衆距離、というようである。

ホールは、このように人間の縄張り意識を距離感に置きかえ、この距離感はその人の属する集団によって異なると主張した。かれはこの空間理解の方法を「プロクセミックス」つまり「近接論」と名づけている。後先になったが、上記のホールの尺度は、じつは当の二人の関係と、その二人のいる環境とによって変化する。たとえば生け垣を隔てた隣人との距離は、あるいは地下鉄で乗り合わせた行きずりの人との距離は、上記の尺度に対して、あるいは伸び、あるいは縮む。

ここに萌芽的な、あるいは根元的なプライバシーの主張があるとしてもよいだろう。

独りにおいてもらう権利

プライバシーという法的な概念は、サミュエル・ウォーレンとルイ・ブランダイス（以下あわせてW＆B）が一八九〇年に発表した論文で、最初に示したものである。[2] 論文名は「プライバシーの権利」、その雑誌は『ハーヴァード法学評論』であった。

このプライバシーという言葉であるが、なにもW＆Bが最初に使ったものではない。古い言葉である。一八世紀に出版されたサミュエル・ジョンソンの『英語辞典』[3]——最初の英語辞典——は「秘密」という項目でこの言葉をつぎのように示しているという。

1　念入りに隠されているもの。
2　未知のもの。まだ発見されていないもの。
3　プライバシー。秘密、不可視もしくは未知の状態（大沢正道訳）。

つまり、プライバシーは「秘密」の下位概念であった。ついでに『オックスフォード英語辞典』にあたってみると、「プライバシー」という言葉の初出は一四五〇年である。その意味は「他者の社会あるいは公共的な関心から抜けだす状態、あるいはその条件」「公表あるいは表現行為の欠如、あるいはその忌避」などとある。このほか、かつては「私的あるいは引退した場所」「（女性の）隠し所」といった意味ももっていたようである。つまり以前から、プライバシーという用語はあったし、それなりの概念もあった。だが、これが法的な専門用語になるとは誰も想像していなかった。

もう一つ、一九世紀の米国は空間を拡げつつあったが、にもかかわらず、人びとの生活空間はどちらかといえば閉鎖的であった。誰もが隣人について直接的な情報をもっており、ここには村八分的なサンクションもあったので、ここから個人に関する不正確な噂話の拡散することは少なかった。だが一九世紀後半になると、このような閉鎖的な共同体を壊すものが社会に出現し、浸透してきた。それは情報伝達用の高度技術――輪転機、写真、電信――であった。ここに事業機会をみつけた新聞経営者は競ってイエロー・ジャーナルを発行するようになった。たとえばジョセフ・ピュリツァーが、そしてウィリアム・ハーストが。

この時代、ボストンにウォーレンという製紙事業家――元弁護士――がいた。かれの夫人はイェロー・ジャーナルによって格好の標的とされた。ウォーレンは知人の法律家ブランダイス――後の連邦最高裁判所判事――と語らって、その窮状から脱出するために論文を執筆した。それが前記の「プライバシーの権利」であった。

「プライバシーの権利」は、プライバシーを「独りにおいてもらう権利」(the right to be let alone) と定義し、この権利を他人の財産、人格権、身体の自由などと同様に不法行為の対象になすべきである、と主張していた。不法行為とは、自分の権利を侵された被害者がその加害者に対して損害賠償を求めるための法的な道具である。なお「独りにおいてもらう権利」という表現だが、これはすでに一八三四年の判例にあるという。また、べつの法律家も不法行為法の教科書のなかでこの表現を使っていたらしい。ただしいずれにも「プライバシー」という言葉はなかったという[4]。

現在、プライバシー法の教科書を読むと、多くの法律家はW&B論文について歴史的な価値しか認めていない。だが非専門家である私には、著者が示唆していたにもかかわらず、著者自身が無視してしまった論点に興味がある。そこに流産してしまった何かがあった、とみるからである。

人格的価値も、財産的価値も

W&Bはその主張をつぎのように示している。

何がプライバシーの権利に対する制限になるのか、どんな救済がこの権利の実現にあたって認められるのか、その制度化が待たれている。個人の尊厳と安楽について、それらをどこまで公的な利益に譲り、どこを私的な公正さとして残すべきか、これをわれわれの経験のなかで正しく線引きしなければならないが、それは困難な仕事であろう。だが、より一般的な原則が設けられるべきである。それは名誉毀損に関する法律のなかに、くわえて文学的あるいは芸術的な財産に関する法律のなかに、すでに法的なアナロジーとして展開されている。

「プライバシー」について、W&Bはあれこれと屈折した言い方をしている。W&Bは整った説明はしていないので、ここでは原論文の意図を汲みとって仮の定義を示しておこう。それは「私人のもつ思想、感情、感性のうち、当の個人が公表したくないもの」となる。つけ加えれば、「公表したくない」というよりも「暴露されたくない」あるいは「秘匿しておきたい」という用語を使ったほうが適切かとも思う。ただし、W&B論文には「暴露」も「秘匿」もみあたらない。

そこでプライバシーであるが、あるいはその公表のあり方であるが、これを順不同に列挙していこう。まず、それは公表される情報――原論文には「情報」という用語はないが――の表現法とは関係しない。それは言葉、記号、画像、あるいは彫刻、音楽などのいずれであってもよい。それは行為、会話、仕種、表情のいずれによるものであってもよい。また、公表された情報の経済的な価値とも独立している。それはガラクタであっても傑作であってもよい。

公表される情報の性格に制約はあるのか。手紙、日記についていえば、それは表現それ自体に限られない。そこに含まれている事実にも及ぶ。つまり、手紙の受発信リストも入る。その事実には私人の宝石や骨董品の蒐集リストも含まれるだろう。これらのリストを著作権法は保護しない。つまり、ここには知的財産にそぐわない何かがある。

プライバシーの公表によって失われるものは何か。それは経済的なものではない。それは心の平安である。つまりプライバシーの保護とは、個人的な文書や作品について、そのあるゆる形の公表を阻むことであり、その盗用や横領を禁じるものではない。つまり、ここで保護されるものは不可侵な人格であり、私有財産ではない。

保護の要件は、当の個人的な情報の金銭的な価値とも内在的な性質とも公表の意図ともかかわらない。したがって、その保護は制作にかけた努力とも無関係である。そうでなければ、日記などは保護の対象から外れてしまう。

保護の責務は商取引の相手に及ぶだけではない。講義の聞き手や版画や写真の買い手に限られるというものではない。ここには第三者も入る。たとえば当人の容姿をこっそりと撮影したカメラマンもここに含まれなければならない。とすれば、それは契約違反や信義違反では囲いこむことのできない権利となる。それは二者間の約束事に基づく権利ではない、世間に対する権利なのである。

もう一つ、プライバシーは名誉毀損と呼ばれる侵害と似ている。ただし、プライバシーは当人の内面にある主観的な意識にかかわる。いっぽう、名誉毀損は社会が当人に対して抱く客観的な通念にかかわる。

W&Bはこのようにプライバシーについて、それを「Xではない」という無い物尽くしの形で記述している。ほとんどの法律家は、この発想を踏襲している。さきに私は流産してしまった何かがあるといったが、それはここにある。

どうだろうか。ここでW&Bのいうプライバシーを「Xにも、かつ非Xにもかかわる」と理解することはできないか。たとえば「単なる事実にも、芸術的な表現にもかかわる」「人格的な価値にも、財産的な価値にもかかわる」「取引のある相手にも、取引のない第三者にもにもかかわる」「本人の意識にも、本人を囲む社会の意識にもかかわる」などと。もし、このような見直しができれば、さきの引用にあった「より一般的な原則」を見つけることができるかもしれない。このときに、この定義は現代のカード社会、さらにはユビキタス・コンピューティング社会にも通用するものとなるだろう。

原論文にもどれば、W&Bはプライバシーの権利について、つぎの境界を設けていた。

1　公共の利益があれば、侵害なし。
2　名誉毀損の法理で許されれば、侵害なし。
3　口頭による公表であれば、侵害なし。
4　本人の同意があれば、侵害なし。
ただし、
5　公表内容が真実であっても、侵害あり。
6　公表の意図に悪意がなくとも、侵害あり。

これらの条件の含意については、数ある専門書を参照してほしい。もう一言。W&Bの「プライバシー」の定義は『オックスフォード英語辞典』の一九三二年版にはみあたらない。ただし一九七二年の補遺版には収録されている。つまりW&Bの定義が英語圏の社会に受け入れられるにはそれ相応の時間がかかったことになる。

ウォーレンとブランダイス以後

W&Bの主張はただちに裁判所に認められたわけではなかった。裁判所にとっては、それは単なる意見にすぎなかった。一九〇二年、ニューヨーク州の一人の女性が製粉会社を訴えた。[5]自分の写真が宣伝用として勝手に使われ、自分は精神的な苦痛を受けた、というのであった。だが、州の最高裁はその訴えを退けた。先例なし、というのがその理由であった。これを受けて、州の議会は広告目的、取引目的のための個人情報の使用を犯罪になると定義した。

一九〇五年、こんどはジョージア州の一人の男性が保険会社を訴えた。[6]訴えはニューヨークのそれに似ていた。州の最高裁はその訴えを認めた。先例はないが、救済のための原則はあり、それは個人の安全と自由にかかわる自然権である、という判断を示したのであった。この後に、プライバシーの権利は米国各州の法廷の認めるところとなる。

二〇世紀になると、プライバシーはありふれた概念となり、その権利化は「訴訟の水門」を開いてしまった。[7][8]訴訟は多発し、ここに借金の暴露、避妊用品の処方箋や女性骨盤のX線写真の流出に関するものも含まれるようになった。つまりプライバシーという概念が拡散してしまった。それはあいまいな概念になった。

一九六〇年、これをウィリアム・プロッサーという法学者が四つの類型に整理した。これは後に米国の法曹界に受け入れられている。その四類型を示そう。

類型1　私生活への侵入。
類型2　当人の秘匿しておきたい私事の公表。
類型3　公衆に誤認を生じさせる私事の公表。
類型4　個人の名前や写真の営利的な使用。

まず、類型1であるが、これは住居、船室などへの侵入に始まり、分娩への無断立会い、買い物袋の検査に拡がり、さらには覗き、電話の盗聴、会話の立ち聞きあるいは無断録音など、つまり物理的な侵害をともなわない行為にも及ぶようになった。ただし、覗き、盗聴、立ち聞きなどは、それが公共空間でなされれば問題にならない。

つぎに類型2。ここには隠し撮りされた写真の暴露といったものが含まれる。いま紹介した女性の骨盤のX線写真の公表もここに入る。ただし、世間の忘れてしまった犯罪履歴の暴露はここに含まれない。犯罪履歴は公的記録であり、公的記録には誰でもアクセスできるからである。なお、W&Bの示したプライバシーは類型2に相当する。

類型3についてはどうか。名誉毀損にかかわれば、たとえば誰かを偽作の著者に擬したりすれば、その悪意ある行為はここに入る。類型4については自明だろう。

プライバシー保護の課題は、この後、不法行為法の枠から食みだす。それは憲法上の権利としても認識されるようになる（2章以下）。

年表・プライバシー法

やや先走るが、ここでプライバシーの保護制度というものについて、ざっと見渡しておこう。[9][10][11][12] ゆきがかり上、米国を例にして話を進める。

米国においては、この制度は、

新しい侵害現象の発生→法廷の既存制度に基づく判断→議会による既存制度の改正

というプロセスをくり返すことでその洗練を図ってきた。ここではつねに秩序の維持を図ろうとする法廷と、これに納得しない議会とのあいだに緊張関係が生じており、それがプライバシー保護の制度化における駆動力となっている。つまり、米国の制度はプラグマティズム的に発展してきたといってよい。本書が米国の制度にこだわって記述を進めているのは、この点をよしとみるからである。

しからば米国にはどんなプライバシー保護法があるのか、これを関連法規を含めて列挙しておこう。そのリストはプライバシー保護の対象の拡がりとその方向を理解するために役立つはずである。

一九三四年　通信法
一九六六年　情報自由法
一九六八年　包括的犯罪防止・街頭安全法
一九七〇年　公正信用報告法
一九七四年　連邦プライバシー法
一九七四年　家族教育権・プライバシー法
一九七八年　金融プライバシー権法
一九七八年　電子資金振替法
一九八六年　電子通信プライバシー法
一九八七年　コンピュータ・セキュリティ法
一九八八年　コンピュータ照合プライバシー保護法
一九八八年　ビデオ・プライバシー法
一九九一年　電話消費者保護法
一九九四年　法執行通信事業者協力法
一九九六年　電気通信法
一九九六年　医療保険移転・責任法
一九九八年　子供オンライン・プライバシー保護法
一九九九年　金融サービス近代化法
二〇〇一年　USA愛国者法

二〇〇四年　ビデオ盗視保護法
二〇〇五年　真正ＩＤ法

プライバシー保護の利害関係者はさまざまの分野にわたっている。[13] まず、行政機関。ここには法執行、徴税、社会保障にかかわる組織がある。つぎに民間の事業者。ここには個人信用事業者、金融事業者、電話事業者が入る。ほかにも、学術研究者、ジャーナリスト、医者などが関係する。

これらに対してどんな保護システムを設けたらよいのか。二つの方法がある。一つはいま示した米国の方法であり、分野別に固有の制度を作ること、もう一つは、全分野にわたる汎用的な制度を設けること、この二つである（6章、12章）。後者は多くの西ヨーロッパ諸国のとっている方法である。日本はどちらかといえば、双方の中間にある。

前記の米国のもつプライバシー保護関連の制度であるが、法律になじみのある人であれば、ここには不法行為法の対象となるもの以外に、たとえば刑法、あるいは金融、通信、信用販売などに関する業法、さらには憲法にかかわる臭いを嗅ぎとることができるだろう。つまり、プライバシー保護はそのような拡がりをもつ概念なのである。

文献

（1）エドワード・ホール（日高敏隆・佐藤信行訳）『かくれた次元』みすず書房、一九七〇（原著一九六

六）

（2）Samuel D. Warren & Louis D. Brandeis 'The Right to Privacy' "Harvard Law Review" v. 4, n. 5, p. 193-220 (1890)

（3）シセラ・ボク（大沢正道訳）『秘密と公開』法政大学出版局、一九九七（原著一九八三）

（4）新保史生『プライバシーの権利の生成と展開』成文堂、二〇〇〇

（5）171 N. Y. 538, 64 N. E. 442 (1902)

（6）122 Ga. 190, 50S. E. 68 (1905)

（7）阪本昌成『プライヴァシー権論』日本評論社、一九八六

（8）アーサー・R・ミラー（片方善治・饗庭忠男訳）『情報とプライバシー』ダイヤモンド社、一九七四（原著一九七一）

（9）堀部政男『現代のプライバシー』岩波書店、一九八〇

（10）堀部政男『プライバシーと高度情報社会』岩波書店、一九八八

（11）岡村久道・新保史生『電子ネットワークと個人情報保護：オンラインプライバシー法入門』経済産業調査会、二〇〇二

（12）石井夏生利『プライバシー・個人情報保護法の歴史的発展とその現代的課題』中央大学大学院博士論文、二〇〇八

（13）鈴木正朝『個人情報保護法制の総合的研究』情報セキュリティ大学院大学博士論文、二〇〇七

2　センサス・データ、そして社会保障番号

センサスは政治権力の発生とともに生まれた。このセンサスによって、権力者は徴税や兵役について基礎的な資料をうることができた。そのセンサスは一九世紀末に機械化が始まり、二〇世紀を通じてその機械化を洗練させた。同時に、センサスの役割は単なる集計値の確認から個別データ相互間の突き合わせへと膨らんだ。

センサスの機械化

「センサス」という言葉がある。ローマにあった「センソール」という職名の役人に由来しているという。そのセンソールであるが、市民登録、徴税を扱う仕事であった。そのセンサスが今日では「国勢調査」あるいは「全数調査」という意味になった。

ということで、センサスは歴史上、国家の成立とともに出現している。中国では紀元前約二三〇〇年、イスラエルでは前約一五〇〇年、アテネでは前五九四年、ローマでは前四三五年、という記録が残っている。(1)

歴史をたどるとすれば、ここでドイツの国家記述学やイギリスの政治算術に言及すべきであろうが、それは通史に譲る。ただ一言、触れておきたいことがある。それは万能の哲学者ゴットフリート・ウィルヘルム・ライプニッツの中央統計局構想についてである。[2] 彼は一六八五年にこの構想を固めたらしいが、その構想とは、国力は人口によって測られその人口の測定にあたっては中央統計局が不可欠、というものであった。

彼は国力の尺度として五六の分類を示したという。それは男女別人口、社会的地位別人口、戦士となりうる男性の人口、結婚可能な女性の人口、人口密度、年齢分布、子供の死亡率、平均余命、疾病の分布、死亡原因を含むものであった。これは現代の政府が欲しがっているデータそのままである。ついでにいえば、上記の分類法には目録や索引に通じていた当人の面目躍如たるところがある。このとき彼はハノーファーの宮廷顧問官兼図書館司書の職についていた。

当時のドイツにはライプニッツの意見を実行できるほどの統治能力をもつ政治勢力はなかった。だが一七一九年、プロイセン国王は最初にそれを試みた。失敗はしたが。

近代的なセンサスは一七九〇年に出現した。それは米国においてであった。なぜ近代的かといえば、それまでは宮廷や官僚が秘匿していたセンサスの結果を、ここで公開したことにある。これは憲法をみれば分かる。米国憲法は一七八八年に制定されたが、その第一条に「実際の人口の算定は、……、一〇年毎に、法律の規定に従って行うものとする」とあり、これがセンサスの根拠規定となった。なぜ人口の算定を求めたかといえば、上記条文に「下院議員および直接税は、連邦に加入する各州の人口に比例して、各州のあいだに配分される」という文言が続いていたからである。

最初のセンサスは一七九〇年に実施された。このときの人口は四〇〇万人にすぎなかった。だが、一八七〇年になると人口は約一〇倍に増大していた。調査項目も増加していた。各人ごとに、年齢、性別、人種、出生地、職業などがつけ加えられていた。

とうぜん、データ量が増大し、その処理も煩雑になった。センサス局は一八七〇年のセンサスには五〇〇人のスタッフを雇ったが、一八八〇年のセンサスではそれを一五〇〇人にまで増員していた。ついでにいうと、一八七〇年センサスの結果がまとめられたのは一八七八年であった。したがって、一八八〇年センサスの結果は一八九〇年までには計算できないだろうという見通しも生じていた。

一八八〇年、センサス局はデータ処理には機械化が不可欠と判断した。このために一人の若者を採用した。それがハーマン・ホレリスであった。彼は試行錯誤のすえデータ処理の機械化に成功した。

ホレリスの機械は今日パンチカード・システムと呼ばれるものであった。それはデータを紙のカードに空孔として記録し、そのデータを自動的に集計、分類、作表する装置であった。カード上の孔の有無が、たとえば男性か女性かを示すように設計されていた。孔の位置は一二×二四の形として並べられていた。もともとの着想はジョセフ・ジャカールの自動織物機にあった。彼は模様の織り方をパンチカードで指示する方法を実用化したのであった。ホレリスがこの着想に気づいたのは、上司との会話のなかであったという。その上司であるが、彼は医者であり、今日、人口動態統計と呼ばれる分野を担当することになっていた。人口動態統計には身体や医療に関する個人データが不可欠であった。

ホレリスは基本特許を一八八四年に取得し、最初の試作機を一八八八年にボルティモア保健局に納入した。[3][4] これをみたセンサス局は、一八九〇年のセンサスにホレリスの機械を採用することとし、九〇台の導入を図った。最初の五〇台は年間一〇〇〇ドルのレンタル料で、つぎの四〇台は年間五〇〇ドルのレンタル料で、という契約であった。じつは一人あたりのデータ処理コストでみると、一八八〇年センサスでは一一・五セントであったものが、一八九〇年には一八・四セントと上昇していた。ただしデータ処理速度の増大は圧倒的であった。一八九〇年センサスは米国市民の数を六二六二万二二五〇人と示したが、これが判明したのは調査のわずか一か月後であった。すべてのデータ処理については、前者では約一〇年もかかったものが、後者では約七年間で完了した。このときに使ったカードの数は一億枚といわれている。

カードと紙幣の互換性

センサスは、すでに示したように憲法一条の規定したものであった。それもあってか、その所管は最初のうちは国務長官であった。専門部局としてセンサス局の原型が設けられたのは一八四〇年であった。

センサス局は一八九〇年以降もつねにデータ処理の機械化を推進した。その研究開発のために一九〇三年に予算をとった。この後、センサス局は、政府職員や政府から研究委託を受けた研究者に発明の権利を与えるような政策を広めた。八〇年後のバイ・ドール法を先取りしていたことになる。国にとっては、個々の国民についてのデータを入手しておくことが、それだけ重要であった。

ホレリスはなんでも自分で仕切らなければ気のすまない性格をもっていた。研究開発においても特許の取得手続においても資金調達においても装置の保守においてもそうであった。これが彼の行動を鈍くした。（この点、異能の人材を自分のまわりに配置して研究開発業務をシステム化した同時代人のトマス・エディソンとは正反対であった。）

ホレリスの競争者としてジェームズ・パワーズが参入してきた。そのパワーズはセンサス局からスピンオフした人物であり、ホレリスの手の内を熟知していた。ホレリスはカードを手で動かしたがパワーズはそれを電動式にした。ホレリスは装置をレンタルに限ったが、パワーズはそれを買取りでもよしとした。

こんなことが重なり、ホレリスは市場で遅れをとるようになる。あげくのはて、彼の会社は乗っ取り屋の手に落ち、さらに凄腕のセールスマンの手へとわたった。そのセールスマンの名前をトマス・ワトソンという。ワトソンは後にその会社をインターナショナル・ビジネス・マシーン――つまりIBM――と改称する。ついでにいうと、パワーズの会社はこれも後にレミントン・ランドと名乗るようになる。さらに後の話になるが、最初の商用コンピュータは一九五一年にレミントン・ランドによって発売された。その一号機の納入先はセンサス局であった。

ホレリスのカードにもどれば、それは三インチ四分の一×八インチ五分の四の大きさをもっていた。この大きさは当時の一ドル紙幣の大きさであった。一ドル紙幣とおなじ寸法であれば、それを収納するキャビネットは米国のどこにいても入手しやすい、ということがあった。このときに、個人データを記録したパンチカードはドル紙幣とこと寸法においては互換性をもつことになった。この互換性は、二〇世紀を通じてしだいに拡張されるはずである。同時にカード化された個人データは、紙幣のように経済的な価値をもち、紙幣のように転々流通することになるだろう。

パンチカードであるが、装置の普及とともに、その使用量は急速に膨らんだ。これはホレリスの会社にとってもパワーズの会社にとっても大きい収入源となった。IBMカードはコダックのロール・フィルム、ジレットのカミソリ刃とともに、二〇世紀前半の三大消耗品になった。どんなユーザーでも、いったんカードを使い始めると、もう、元にはもどれなかった。

センサスのなかの個人データ

センサスにおいて、国が求めるものは統計値のみであり、それは調査票つまり個々のデータではなかった。だが、どうだろう。せっかくの調査票がある。とすれば、調査票を公開せよと外部から声のかかることもあるだろう。(5) 現に第二次世界大戦のときに、日系米国人の氏名を通報せよという陸軍からの強い圧力があった。センサス局はこれに抵抗したと言い張っているが、じつは個人名は伏せたものの各人の住所は告げたらしい。地元の政治家であったアール・ウォーレンが圧力をかけたためだという。ウォーレンは後に連邦最高裁判所の長官となり、進歩的な判決をあいついで示したことで名をあげた。センサス局は、マッカーシズムの時代にも、反体制運動の高まったヴェトナム戦争の時代にも、秘匿の姿勢を通したと主張している。

センサス法――現在、商務省所管――はつぎのように示している。

商務省長官及びそれに属する局或いは課のいかなる職員も以下のことをしてはならない。……特定の事業所或いは個人から提供されたデータを識別できる形で公表すること（一章副章一、九条）。

時代をとばす。一九七〇年センサスをまえにして一つの論争が生じた。プライバシー関連の項目が多いのではないか、というものであった。[6] この論議によっていくつかの項目が削除された。それは信仰、喫煙、副業、組合加盟、ペットに関するものであった。社会保障番号（SSN、後述）の記入も見送られた。浴室とシャワーの有無についても議論は沸騰したが、これは調査票に残された。つけ加えれば第一回連邦議会において、ジェームズ・マディソン——後の第四代大統領——は、センサスに宗教に関する調査項目は含めない、と約束していた。

センサスは巨大なコストをかけて実施されるものである。一九七〇年センサスについていえば、国はこれに二億ドルのコストを費やし、国民はこのために一人あたり四五分の時間を投じたと試算されている。とすれば、その成果を国民に還元すべきではないのか、こうした要求が現れた。その要求は、データを磁気テープで公表せよ、データに市場調査に役立つ項目を含めよ、と膨らんだ。[7][8]

一九七〇年、センサス局はデータの磁気テープによる販売を始めた。くわえて、住民のライフスタイルにかかわるデータ——自動車の保有など——も含むようにした。このためか、七〇年以降のセンサスにおいては、その実施責任者として市場調査に経験をつんだ民間人——ジェネラル・モーターズ、シアーズ・ローバックなどの上席者——を登用するようになった。

一般論として、公表されるセンサスの結果は集計表であり、この表から個人のデータを抜き出すことは不可能になっているはずであった。だがときに、上手の手から水が洩れ、ということもあった。一九六三年、米国医師会はセンサス局からイリノイ州在住の一八八人の集計表を入手した。その集計表は、地域別、専門分野別、収入別に記載されていた。注意深い読み手であれば、この表から個々の医者を識別することができた。この挿話は調査対象者にとっては不愉快なものであったろうが、いっぽうでは、これを単なる挿話としてとどめるのではなく、これをより洗練させたいと考えた専門家――行政官、技術者、そして事業家――もいたはずである。その人びとが、このさきにコンピュータ照合（後述）、さらにデータ・マイニングという手法を生むことになる（9章）。

国立データ・センター構想

二つの世界大戦、続く冷戦、このなかで米国の行政機関は膨らんだ。このためにセンサスとはべつに、ほとんどの行政機関――連邦政府も州政府も――は個人ファイルをもつようになった。たとえば徴税のシステム、その基盤となった社会保障番号システムなど。六〇年代になると、いずれもコンピュータ・システムへと移行した。この環境のなかで一九六六年、予算局――後の行政管理予算局――は国立データ・センターと呼ばれる構想を発表した。

この構想は、多くの行政機関が個別に実施している多様なデータ・システムの運用を一本化し、これによる政府所管ファイルの共有を狙っていた。どんな行政行為においてもその実施にはかならず記録、つまりデータ収集がともなう。たとえば徴税、この業務には納税申告書という個人データの受け渡しがともなう。話をもどせば、この時点で二〇にわたる行政機関——とくに財務省、労働省、農務省、保健教育福祉省など——が、個人と企業に関するデータを一億枚のパンチカード、三万本の磁気テープとして保有していた。なおこの構想には、民間からのセンターへのアクセスも認めようか、という意図も含まれていた。

まず、提案者の意見であるが、それはまったく技術的な発想に基づいていた。それはシステムの統合によって、第一にそのコストを削減できる、第二にデータの相互参照の機会を拡げることができる、というものであった。そこにはプライバシーへの配慮はまったくなかった。これにジャーナリストは敏感に反応した。「政府は二億人の米国人を監視する」と書いたのは『USニューズ・アンド・ワールド・レポート』であった。「国立データ・センターはいかなる秘密も残さない」と訴えたのは『ワシントン・ポスト』であった。

議会は検討に入る。(9)(10) 上院はこの課題に対して公聴会を開いた。まず、提案者として予算局のコンサルタントが呼ばれた。彼は、これはプライバシーとは無関係の典型的な統計データであり、これまでも長期にわたり収集されてきたデータである、と答えた。くわえて、公表を統計値に限ること、いかなるIDも付加しないことができるし、どんな個人データも認識できないようにするために、特別のコードを開発することもできる、と主張した。この回答に対して議長は心証を悪くした。プライバシー保護の意識が薄い、と判断したのであった。

下院も司法委員会に小委員会を設けた。こちらでは憲法論の枠組みのなかで議論が進められた。ここで明らかになったことの一つに、個人データの保守あるいは更新にかかわる問題があった。政策決定のために時系列データが必要になったとしよう。このときに、コンピュータのなかの個人データは追跡できなければならず、このためには個人データに個人コードが振られていなければならない。これを認識した委員たちは覚めた報告を発表した。

その報告は「何が個人データか？　どのように収集すべきか？　誰がアクセスできるのか？　本来の目的から外れた利用も認められるのか？　市民の権利は？」を確かにすべしと指摘していた。上院も下院も、まずはプライバシー保護のための方策を検討せよという結論を示したことになる。ということで、国立データ・センター構想は延期された後に放棄された。

当時、この課題について関係者あるいは有識者はどう言っていたのか。これも追跡しておこう。[11]まずセンター構想の担当者であった予算局長チャールズ・シュルツ。彼は、個人データの制御はファイル別におこなうのではなく、利用方法――個人的な利用か統計的な利用か――によって軽重を設けるべし、と主張していた。また、過度の一般化は不毛、個人的な利用のみがプライバシーにかかわる、とも指摘していた。いかにも実務家的な言い方であった。

つぎに法学者のアラン・ウェスティン。彼は政府のもつ個人データを諜報、センサス、業務統計に分類したうえで、なぜか諜報データは議論の枠外に置き、センサスはセーフガードがあるので問題なし、業務統計の統合のみを制限すべし、と提案し、くわえて、コンピュータ化、データベース化はよいが、ネットワーク化は不可、と断定していた。効用よりも原則が重要、まさに法律家の言い分であった。ウェスティンには、これも法律家のアーサー・R・ミラーが与した。二人とも当時プライバシーを「自分に関する情報の流通を制御するための本人の権利」と再定義した研究者であった（4章）。つぎに弁護士のラルフ・ネーダー。当時の彼はすでに消費者問題のリーダーとしてジェネラル・モーターズと対峙しており、そのジェネラル・モーターズから盗聴やら何やらプライバシー上の脅威を受けていた。その彼はいくつかの条件を示した。第一に、個人データに関するシステムの設置を行政手続法の対象にする。第二に、システム内ではデータ間のリンクを外す。第三に、システムにアクセスし、その保有者から回答を得る権利を個人に与える。第四に、侵害に対する罰則を設ける。

最後にヴァンス・パッカード。彼は『消費を求める人びと』（一九五七年）でにわかに評判になった社会学者であった。彼は「紙の時代には、自分についてのファイルは広く分散し、それを一括するのは困難であった。だが、この事態は巨大なコンピュータの出現でいまや変わりつつある。コンピュータは多様に利用できる情報を即座に引き出す能力をもっている」と語った。

反対論は拡がった。『エコノミスト』『サイエンス』『IEEEスペクトラム』などが反対論を掲載した。いずれも信用ある専門誌であった。

議論のなかで明らかになったことがある。まず、プライバシーの概念が定まっていないことがあった。「個人プライバシー」と同時に「企業プライバシー」などという言葉を使う人もいた。「個人」には‘individual’と‘personal’とがあり、後者であれば法人も含んでいた。つぎに、連邦政府の個人データ収集が一般人の予想をこえて拡がっていたこともあった。

くわえて、人びとの関心が国の保有する個人データから民間のそれへと拡がっていた。すでにSSNカード（後述）がなければ預金もできず株式も買えない状況になりかけていることも分かった。コンピュータ照合（これも後述）の採用は公的部門たると私的部門たるとを問わず関心事になりつつあった。

国立データ・センターはできなかったが課題は残った。確かなセーフガードを設けることができなかったために政府はこの型のシステムのさらなる開発を続けるのではないか、こんな懸念を示したのはミラーであった。ときにヴェトナム戦争とマーティン・ルーサー・キングの時代であった。

一九七一年、日本でも『事務処理用各省統一個人コード設定に関する研究』という報告書が発表された[12]。これは米国の国立データ・センター構想を追いかけるものであった。研究代表者は中山太郎――自民党の代議士――であった。主旨は、国民の一人ひとりに個人コードをつけ、すべての役所――中央政府と自治体――がこれを共同利用すべし、というものであった。きめ細かい行政サービス、公平な課税、保健の二重給付の防止、人口移動の常時把握などを図る、これが狙いであった。二一世紀の初頭、住民基本台帳ネットワークが稼働したときに、この構想が実現したことになる。

私は同世代人としてこの経緯を横目で観察してきた。実現に三〇年以上もかかったのは、一つには民間側が政府の構想に対して疑心暗鬼的な反対意見を持ち続けていたことであった。同時に、自治体が住民基本台帳の電子化に手間どったこともある。くわえて、中央の省庁間には情報共有について縄張り争いもあった。いずれも、私自身、あれこれの機会に承知したことであった。

身元確認の番号

時代をもどす。一九三五年、米国の連邦議会は社会保障法を制定した。ニューディール政策の一環として、老齢者給付や障害者給付を導入するものであった。このときに同時に社会保障番号（SSN）も設けられた。そのSSNは個人ごとに番号を振り、それを給付の振込先とするためのものであった。SSNはいわば身元確認用の番号であった。したがって一人ひとりにべつの番号をつけ、かつ二人以上の人がおなじ番号をもつことのないように定められた。この意味では汎用性があり、ほかのアプリケーションにも使えるはずであった。SSNは社会保障庁によって管理されている。

一九三六年、SSNは州の失業保険制度にも使われることとなった。一九四三年になると、身元確認が必要となるデータ処理システムについてはSSNを導入すべし、との大統領令がすべての連邦機関に対して示された。この大統領令はしばらくは冬眠状態にあったが、一九六一年、内国歳入庁はSSNを納税者番号として用いる決定をした。この後、SSNのアプリケーションは一挙に拡がった。連邦と州の雇用記録、退役軍人省の医療記録、インディアン保健局の患者記録、銀行・証券の顧客取引記録、州の自動車登録と運転免許証などがそうしたアプリケーションであった[13]。つけ加えれば、インディアンは最初のセンサスにおいては調査対象外であった。

身元確認には三つの方法がある。第一は当人の身体的特徴。指紋、声紋、DNA配列など。第二は所有物。印鑑、カード、旅券など。第三はラベル。氏名、暗証番号、メール・アドレスなど。SSNはここに入る。

一九八〇年代の半ばに、日本でも納税者番号制度がいったん制度化されたことがある[14]。このときに私はSSNについて調べるはめになった。当時、政府税調に頼まれ、そのシステムの概念設計をしたためであった。この時点でSSNのシステムはすでに半世紀も稼働していた[15]。そのような寿命の長いシステムに不具合は生じていないのか。これが私の注意した点であった[16]。

まず、SSNの構造であるが、それは「NNN-NN-NNNN」という九桁の数字コードであった。はじめの三桁は地域コード、ただしなぜか588以上の番号はない。ここに申請時の居住地番号が振られる。真ん中の二桁は事務処理用。システムの運用者が勝手に使うことになっていたらしい。最後の四桁が一連番号。

こうみると、今日、コンピュータ・システムの運用者が不可欠と考えているチェック・デジットがない。これはSSNの制定が前コンピュータ時代であったので当然といえば当然である。当時の担当者は、とりあえずは中央の二桁にチェック・デジットの意味をもたしていたという。だが、チェック・デジットがあれば桁数が増え、その分、誤りも増える、と意味不明の言い抜けもしていた。これは、急速な技術発展のなかで、半世紀もおなじシステムを維持していくのは至難の技だと認識させる事実でもあった。なお、チェック・デジットとは、そのデータの値が正しく伝達されたかどうかを判断するために使う符号を指す。

SSNは終身不変番号とされた。一九七七年における付番数は二億五四六九万九六二五件、うち存命者の分は約一億九二六〇万件——なぜか正確な数は不明——であった。ついでに再発行の件数を示すと、五〇五万一一一二件、これは新規発行数の約半分にあたったという。再発行が多いという事実は、稼働後半世紀もたつのに、このシステムの存在あるいはその価値を受け手たる国民が十分に認識していない、と疑わせるものでもあった。(日本でも二一世紀になって、類似の課題が年金システムにおいて生じている。)

SSNの発行手続をみよう。申請書の記載事項にはつぎの項目がある。氏名(通称と本名)、出生地、母親の婚姻前氏名、父親の氏名、生年月日、年齢、性別、人種(白人、黒人、その他)、既申請の有無、現住所、申請年月日、電話番号、署名——以上である。いずれも典型的な個人データである。くわえて、人種など、ここにはシステム創設期の社会通念を引きずった項目もある。ここにもシステムの長期稼働による疲労が生じている。

問題は申請に不可欠な添付書類にもある。それは年齢の証明、同一性の証明、市民権の証明にかかわってもいる。まず、年齢証明であるが、たとえば出生あるいは洗礼証明、学校あるいは教会の記録、生命保健証書、雇用記録、婚姻記録、旅券などとされている。つぎに同一性の証明であるが、ここには運転免許証、選挙人登録カード、旅券などが挙げられている。市民権の証明については、帰化証明、市民権証明、合衆国旅券などが求められる。こう並べてみるとどうだろうか。Aの証明にはBが必要、Bの証明にはCが必要、Cの証明にはAが必要、といった隠された構造がみえてくる。つまり、この証明の連鎖に入ってしまえば話は簡単だが、その外にいるものにとっては、ここに入りこむのはそれなりに厄介ということになるだろう。プライバシー保護という視点からすると、これは微妙な話となる。

連邦プライバシー法

一九七七年、議会は連邦プライバシー法を制定した。この法律はただしくは「連邦の記録の誤用から個人のプライバシーを保護し、個人に連邦行政機関の保有する自己に関する記録へのアクセスを与えることを定め、……するための法律」というタイトルをもっていた。その監督機関は行政管理予算局とされた。国立データ・センター構想をめぐって論議されたことが、やっと形になった。

この法律は、この後、多くの国の制定するプライバシー保護法の原型になった。その要点をQ＆Aの形で示しておこう。

（Q１）なにが対象になるのか。コンピュータ・データのみか、紙のデータまでも含むのか。↓（A１）双方を含む。

（Q２）収集してはいけないものがあるだろう。↓（A２）憲法が個人に保障している権利——たとえば信教の自由——に反するものがそれ。

（Q３）収集データの副次的な——本来の目的以外の——利用は可能か。↓（A３）不可。

（Q４）だれがデータの維持と管理に責任をもつのか。↓（A４）政府である。個人には負担させない。

（Q５）システムを密かに設置できるのか。↓（A５）不可。その存在を公開せよ。

（Q６）本人は自分のデータにアクセスできるのか。自分のデータが誤っている場合には訂正できるのか。↓（A６）いずれも可能。

五年後、議会は委員会を設け、ＳＳＮの使用状況について調査をさせ、あわせてその課題を整理させた。その報告書はつぎの勧告を含んでいた。まず、ＳＳＮの民間部門への拡大については事前の検討が必要であること、つぎに、ＳＳＮの統一コード化――いわゆる国民背番号化――については、保護手段の有効性を確かめた上で実施すること、この二つであった。いずれもＳＳＮの拡張については慎重であるべしと求めるものであった。

一九八六年、連邦議会は税制改革法を制定した。この法律は、五歳以上の扶養家族にはＳＳＮを付番せよ、という義務を納税者に課していた。ＳＮＮは国民背番号にいちだんと近づいたことになる。

ここで注を一つ。センサスにもどれば、前記の（Ｑ６）はその本質にかかわる制約となる。これをよしとした場合、本人に、その入力の拒否、あるいはそのデータ内容の変更まで許すことになりかねない。これはセンサスの信頼性に対して歪みをもちこむ原因となるだろう。

コンピュータ照合

一八八八年、議会はコンピュータ照合プライバシー保護法を制定した(17)。ここにいう「コンピュータ照合」とは、二つ以上のファイルのなかにある同一人物に対するデータを突き合わせる作業を指している。その狙いは、行政機関のアプリケーションのなかにあるかもしれない詐欺や過払い、二重請求などを発見することにあった。いうまでもないが、照合のためのキーとしてはＳＳＮを使うことにしていた。

ここにいう「二つ以上のファイル」であるが、双方とも行政機関のファイルである場合を含むが、それのみではなく、その一方が民間のファイルである場合も含んでいた。この法律はこのようなファイル操作に対してプライバシー保護を求めるものであった。

じつはコンピュータ照合は一九七七年に始まっていた。このときに扶養児童家庭援助プログラムに対して一八州のファイルが突き合わされ、その結果、七一〇〇人の不正受給者をみつけていた。

これが発端で、この後、コンピュータ照合はその効果を発揮するようになる。ここで使われるファイルとしては、社会保障庁の給付ファイル、内国歳入庁のさまざまなファイル、メディケアのファイル、郵政公社の配達不能ファイル、食料クーポンや失業補償のファイルなどが目立っている。

「無名の市民」

センサス・データからは外れるが、米国の政府機関はその統計調査をみずから実施するかわりに民間企業から調査データを購入するようになった。二〇〇〇年、司法省は八〇〇万ドルの、また内国歳入庁は八〇〇万ドル——一説では一二〇〇万ドル——の費用をデータ購入費にあてている。契約の相手は私企業のチョイスポイントである（9章）。このデータは、国のデータを民間の調査データ、メディア情報、信用報告と組み合わせたもの、といわれている。組み合わせのキーはＳＳＮである。

Ｗ・Ｈ・オーデンに「無名の市民」という詩がある。一九四〇年の作品である。その一部分を引用してみよう。

センサス局は彼を……とみなした。……、言い古された言葉の今日風の意味で彼は聖者、……、彼は工場で働き解雇されたことはない、……、彼の組合は彼が組合費を支払ったと報告している。……、（社会心療士によれば）彼は仲間のように人並みであり酒好きであると、……、彼の名前を記載した保険証書は彼が保険加入者であると証明し、……、（信用調査会社によれば）彼は分割払いの利点を心得ており、……、（世論調査機関によれば）彼はその時代の平均的な意見をもち、……、優生学者がその世代の親として適切であるという数の子供を彼はもっている。彼は自由か。彼は幸福か。そんな質問は滑稽。ここに何か間違ったことはあるのか。もし、そうであれば、われわれはそれを聞いているはずだ（(18) に引用）。

以上、二行おきに一行ずつ機械的に引用してみた。文学作品に対して乱暴な引用法であることは承知している。ねがわくは著作人格権侵害などと非難しないで許してほしい。

一九世紀末、ウォーレンとブランダイスがプライバシーの権利について語り始めたときには、プライバシー侵害の被害者はなんらかの意味で知名度の高い人であった（1章）。だが二〇世紀後半になると、その被害は無名の市民にまで及ぶようになった。これを洞察したのは詩人オーデンであり、これを実現したのはコンピュータ・システム——そこに個人識別コードのファイルをもつ——であった。

文献

（1）小杉肇『統計学史』恒星社厚生閣、一九八四

（2）イアン・ハッキング（石原英樹・重田園江訳）『偶然を飼いならす：統計学と第二次科学革命』木鐸社、一九九九（原著一九九〇）

（3）James W. Cortada "Before the Computer: IBM, NCR, Burroughs, & Remington Rand & the Industry They Created, 1865-1956" Princeton University Press（1993）

（4）Emerson W. Pugh "Building IBM: Shaping an Industry and Its Technology" MIT Press（1995）

（5）デービッド・バーナム（田原総一郎訳）『コンピュータ国家』ＴＢＳブリタニカ、一九八四（原著一九八〇）

（6）M・ワーナー、M・ストーン（木原武一・岩本隼訳）『データ・バンク社会：情報化社会とプライバシーの危機』産学社、一九七二（原著一九七〇）

（7）Office of Technology Assesment "Computer-Based National Information System: Technology and Public Policy Issues" GPO, OTA-CIT-146（1981）

（8）名和小太郎「行政情報管理と情報公開の電子化」『法政理論』26巻1号、一九九三、一四三―一六九頁

（9）1章（8）

（10）Alan F. Westin "Privacy and Freedom" Atheneum（1967）

（11）アラン・ウェスティンほか「市民的自由権とコンピュータを利用したデータ・システム」：グリーンバーガー編（電気通信総合研究所訳）『コンピュータ・通信：その未来と課題』東京創元社、一二三―八一頁、一九七六（原著一九七一）

(12) 日本経営情報開発協会『事務処理用各省統一個人コード設定に関する研究』(灰色文献)、一九七一

(13) 川端亮二『データ プライバシー』ぎょうせい、一九八九

(14) 石村耕治『納税者番号制度とプライバシー：高度情報化社会における納税者の権利』中央経済社、一九九〇

(15) 税制調査会『納税者番号等検討小委員会報告』(灰色文献)、一九八八

(16) 名和小太郎「納税者番号制度に関する思考実験」『ビジネス・コミュニケーション』25巻10号、一一〇―一一二頁、一九八八

(17) 上記 (13)

(18) Daniel J. Solove 'Modern Studies in Privacy Law: Notice, Autonomy and Enforcement of Data Privacy Legislation' "Minnesota Law Review" v. 86, p. 1137-1218 (2002)

3　郵便番号、そしてメーリング・リスト

個人データとして本人にもっとも近しいものに「住所」がある。その住所を他者が制御できるのかどうか。これが郵便、メーリング・リストをめぐって問題となった。このときに、住所という個人データには、プライバシー、言論の自由、情報公開といった価値が重なっていることが分かった。

郵政長官フランクリン

本論に入るまえに一言。企業人の眼でみると、個人データには二つの種類がある。「顧客データ」と「信用データ」とである。前者には郵便局の扱う住所などが、また後者には信用販売業者が頼る融資額などが、入る。ただし、ここまでが顧客データ、ここからが信用データと、はっきり区別できるものではない。それが使われる環境によってどちらにもなりうる。

最初に、ざっと米国の郵便史をたどっておこう。[1] まず制度的な形だが、それは「私営→公営（ここまでが植民地時代）→国有→公営」と変化した。またサービスの姿は、当初には近隣内、都市間の

み、しかも郵便局間であったものが、一九世紀半ばになると全国的なユニバーサル・サービス（後述）へと拡がり、その後、ここに戸別配達サービスが加わるようになる。

当初の私営サービスだが、これは差出人が知人、行商人、インディアンなどに配達を頼むという形になっていた。じつは最初の郵便局は一六三九年にボストンの居酒屋に設けられ、ここが欧州との郵便物だけを扱っていた。そのモデルは英国のコーヒー・ハウスであった。ただし一七世紀末になると、宗主国の英国政府は郵便サービスを特許事業として現地人に任せるようになる。

一七七五年、独立戦争が始まると、独立派はただちに郵政局長官の職を設けた。手紙や諜報の送達を独立運動のために不可欠の機能と認識したためであった。その初代長官になったのがベンジャミン・フランクリンであった。彼は植民地時代に英国王室から郵政長官に任じられ、郵便路線の整備、夜間急行便の開設について実績をあげていた。しかも事業収支を黒字に転じていた。

一七八二年、連邦議会は郵便条例を定め、郵便サービスについて、連邦政府による独占、平時における検閲の制限、新聞の輸送などを決めた。一七八八年、議会は憲法を制定し、その一条八節七項において郵便と郵便道路の建設を議会の権限であると示した。これで制度的な枠組みはできた。当時の人口は三九〇万、州の数は東部の一三、これに対して七五の郵便局と二四〇〇マイルの郵便道路が設けられた。

この後、米国の人口もその国土も急激に膨張する。太平洋岸のカリフォルニアが州として連邦に加わったのは一八五一年、このときに州の数は三一になっていた。年次がやや遅れるが、一八六〇年の連邦の人口は三一四〇万、このときの郵便局の数は二万八四九八に達していた。ついでにいうと、郵便局員は一八二六年に二万九九五六人であり、これは連邦の雇用者のおよそ四分の三になっていた。この膨張に応じて制度も洗練される。法律の設けられるのは遅れたが、一八二九年に郵政局長官は郵政省長官に、つまり閣僚の扱いになった。

郵便物は当初、丸太小屋から丸太小屋へと送達されていた。その丸太小屋が郵便局であり、その送達は二輪馬車によってなされていた。アレクシ・ド・トクヴィルは『米国の民主主義』（一八四〇年）において、この二輪馬車の郵便制度を「この荒野の只中をどんなに信じがたい速さで思想が行き交うか」（松本礼二訳）と畏敬をこめて絶賛していた。[2]

とうぜんながら、サービス区域は幹線道路とその周辺に限られていた。これに対してサービスの域外にある辺境の住民から苦情が生じた。この苦情にうながされて、多様な試みがくり返された後、一八六三年に郵便事業はユニバーサル・サービスとして位置づけられた（11章）。「ユニバーサル」とは、全国どこでも、誰に対しても、誰もが使える価格で、品質が均一のサービスを実施する、という意味であった。あわてて注をつければ、ユニバーサル・サービスという用語は、じつは二〇世紀になってからAT&Tが電話サービスについて定義したものである。

このときに、書状に対する郵便料金は全国一律、ただし重さに応じて、という形になった。これ以前には、書状の枚数別、距離別の料金表が使われていた。ついでにいえば、書状の枚数を数えるのにはたいそうな手間がかかっていた。

一八六三年には、もう一つの改革があった。それは無料配達制度の採用であった。それまでは受取人は郵便局に割増料金を支払って届けてもらうか、自分でまたは便利屋に頼んで郵便局まで出向かなければならなかった。これを郵便サービスのなかに組みこんだことになる。

この戸別配達を実現するためには、宛先人の住所と氏名とをはっきり確定しなければならない。このために一九世紀の後半、米国の主な都市には歩道や横断歩道が設けられ、街路に名前と案内標識とがつけられ、家屋ごとに番号が割り当てられるようになった。このときに住所が個人ごとにつけられたことになる。その住所は誰のものか。これがその後に問題となる。もう一つ、受取人は戸口に郵便受け用のスロットか郵便箱を設けなければならなかった。

ユニバーサル・サービスの建前からいえば、辺境の住民にも戸別配達を実現しなければならない。ということで、こちらにも戸別配達制度がしだいに普及する。こちらではラードの容器、シロップの缶、煙草の箱などが郵便箱になった。郵便局は、郵便箱に対して金属製、六×八×一八インチの寸法、耐水性、馬上から投函できる高さ、などの仕様を定めた。いずれにせよ、全国にわたり戸別の郵便受けが設置されたことになる。このときに、郵便箱はユニバーサル・サービスのための装置であり、したがって郵政省の財産である、という見方が生じたらしい。郵便箱は誰によって管理されるのか。これも論点として残った。

全国一律、重量別の郵便料金表は、すでに英国が一八三九年に導入していた。これはローランド・ヒルの郵便改革として知られているが、そのヒルに協力したのが、階差機関――コンピュータの原型――の開発をしていたチャールズ・バベジであった。彼は郵便コストのほとんどは集配の部分で生じ

ており、その送達距離には無関係であると指摘したのであった。(3)

だが、この試算は国土の極端に広い米国では通用しなかった。馬車によるネットワークでは、相当数の郵便局を中継局として設けなければならなかったからである。郵便コストの三分の二以上が輸送コストであった。このコストの削減が連邦議会ではしばしば論議になった。おりよく輸送手段の技術革新が始まる。一九世紀に入るとまず蒸気船が、つづいて鉄道が導入された。

つけ加えれば、一九世紀半ばに、郵政省は輸送の受託業者に三つの誓約をさせた。それは「敏速性」「確実性」「安全性」に関する誓約だった。当時これを「三つのスター」と呼び、この標語のもと運用される郵便道路を「スター道路」と称した。きちんとしたダイヤグラムで動いていた郵便馬車は盗賊にとって絶好の標的となった。

もう一つ、二〇世紀になると郵便局は郵便小包も扱うようになる。それまでは小包の輸送は民間部門の事業であった。

起業家フランクリン

ユニバーサル・サービスの実現によって、新しいビジネスが社会に普及することになる。通信販売というビジネスである。その通信販売には住所、氏名という顧客データが不可欠であった。

ただし住所、氏名が不明である場合においても、すでに通信販売事業者は活動していた。それは宛先に「居住者」とのみ記した広告やカタログによってであった。これに「ジャンク・メール」つまり「屑籠行きの郵便物」という蔑称を与えたのは新聞社であった。新聞社は、このたぐいのメールによって折込広告が減ってしまう、とその不快感を示したのであった。

フランクリンにもどる。彼は一七四四年、すでに通信販売用の書籍カタログを作成していたという。彼は印刷出版業者であり、フィラデルフィアの郵便局長であり、かつ会員制図書館と消防組合の組織者でもあった。印刷出版業者であったので書籍とそのカタログの出版を、郵便局長であったので通信販売を、また会員制クラブと組合に通じていたので、これらの結合による新事業の創出を図ったのだろう。

フランクリンの通信販売が成功したのかどうか詳らかではない。たぶんこの時点では、通信販売を求める市場は狭く、またこれを支える社会基盤も弱かった。だが、一九世紀後半になると、フランクリンの構想は現実味をもつようになる。市場が膨らみ、同時に、いま示したように、郵便ネットワークという社会基盤も整備されたからである。

ここに通信販売業者が参入する。その一つが一九世紀末に二人の若者が設立したシアーズ・ローバックであった(4)。この会社の成功は先行の同業者が「現金先払い」にしたのに対して、「注文時送金不要」という方針を通したためであった。この成功は、この時代に郵便、鉄道という社会基盤が整備されてきたことにも助けられた。とくに全国均一料金の第二種郵便は、カタログ発送のコスト節約に役立った。

ただし会社の運営方針をめぐって内紛が生じ、まずアルバー・カーティス・ローバックが、ついでリチャード・ウォーレン・シアーズがこの会社から跳びだしてしまう。前者は保守的でありすぎ、後者は積極的でありすぎたためであった。ということで、企業名は存続したが、この企業はシステム管理に熟達した新しい経営者の手に引き取られてしまう。世紀の変わり目には、一日の注文数一〇万件、出荷は一五分ごとにくり返される、というシステムが求められていた。これを実現した技術者をオットー・デューリングというが、今日、彼の自動化に関する手柄はヘンリー・フォードの名前に隠されてしまっている。残念である。ついでにいえば、一〇万件の注文とは、一〇万件の記録を処理することを意味している。つまり、効率的な情報処理装置さえ開発できれば、ここにさらなる発展が期待できるはずであった。

通信販売を支えるものとして顧客の宛名データが必要になる。この宛名データはしだいにそれ自体が商品となり、市場を流通するようになった。これとともに宛名データの流通業者が出現する。後にいうメーリング・リスト業者である。この型の業者が一九一六年に業界団体を結成する。ダイレクト・メール協会（DMA）がそれである。この時点で、ダイレクト・メールは広告媒体として、新聞、雑誌につぐ位置を占めていた。放送はまだ事業としては登場していなかった。

住所のデータベース化

二〇世紀になると、郵便当局はその輸送手段につぎつぎと新しい技術成果を導入した。まず自動車が、ついで飛行機が投入された。二〇世紀中頃には高速道路が建設され、これが自動車の利用をいちだんと加速する。だが、郵便量の増大は極端であり、これらの新技術によるのみではそのコスト増を抑えきれなくなる。この結果、郵便事業に対する国の負担は議会の認める限界を越えてしまう。一九七〇年、連邦議会は郵便サービスを、国有から公社へ移すと決定する。

一九七一年、郵政公社（ＵＳＰＳ）が発足、みずからの収支に責任をもつ組織となる。ＵＳＰＳはその作業の効率化を強いられることになった。郵便物の数量は極端に増大していたが、その仕分け法はフランクリンの時代そのままであった。したがってまず、郵便物の自動仕分けが課題となった。その前提として、住所のコード化が求められた。コード化についてはすでに第二次大戦中、人不足を補うためにゾーニング・アドレス・システムが試行されていた。そのさらなるシステム化が求められたことになる。おりしもコンピュータの導入に官庁や大企業が取り組みはじめた時代であった。

このコード化はじつは郵政省時代の一九六三年に「ＺＩＰコード」として動いていた。コードは五桁であり、これで全国の郵便局を指定できた。ＵＳＰＳは一九八三年にこのシステムを「ＺＩＰ＋４コード」として洗練させた。これによって差出人はその宛先を全国にわたり、ビルの階、道路の区画、大組織の部門、郵便局の私書箱までの精度で指定できるようになった。

郵便物の八〇パーセントはすでにビジネス用であった。ここには公共料金、銀行預金、信用販売、社会保障などに関する請求、支払いなどの通知、さらには広告、雑誌の送付などが含まれていた。したがって、封筒にＺＩＰ＋４コードをバーコードとして印刷させることは容易であった。これを誘導するために、ＵＳＰＳは料金割引を実施し、同時に、宛名の自動読取法、封筒の自動分類法も開発した。

USPSは全国住所変更データベース（NCOA）を保有しており、ここには毎晩、住所変更の通知が届けられ、ただちにメンフィスにあるコンピュータに登録されていた。[5] このような環境のなかで、NCOAはビジネス事業者にとって購入意欲をそそるものとなった。USPSはこれに応じた。

毎年、およそ四〇〇〇万人の米国人が移動している。その情報は一件につきなにがしかのコストを支払えば誰にも利用可能となった。いっぽう、USPSは住民にはなんの代替案も示していない。もし彼が郵便物の転送を願うならば、同時に彼はダイレクト・メールの受け取りも覚悟しなければならないことになる。ただしUSPSは、その住所変更通知者に変更通知を他人に与えることもありうるという警告はしていた。

USPSの言い分はつぎのようになる。このシステムを利用しないユーザーは法外な時間とコストを支払わなければならない。USPSは、個人の好みを監視することを役割とはしていない。また、誰に手紙を出したらよいのか、出すべきなのか、それを発送人に語ることも役目とはしていない。

NCOAは民間人にも利用可能となり、USPSは大量郵便物の発行者に利用のためにそのライセンスを与えるようになった。一九九〇年代初頭においては約二〇社がこのサービスを受けていた。NCOAの販売は財務的に自立を求められるUSPSにとっても見逃せない収入源となった。

USPSのデータベースの主たるユーザーはダイレクト・メールの事業者であった。彼らもシステムのコンピュータ化を意欲的に進め、一九八〇年代末には年間一八三〇億ドルの市場を作りだしていた。この時点で、平均的な消費者は、約一〇〇のリストと少なくとも五〇のデータベースに記録されているとみなされていた。それらリストの多くは公的な領域の資料――たとえばNCOA――から得られていた。

じつは、氏名と住所とはどんな公衆にも与えることはできないという法律がある。これについてUSPSはあれこれと言っている。まず、住所とメーリング・リストとは違うと説いている。ただし、禁止されているのは住所であるとも、いや、メーリング・リストであるとも、機会主義的に主張しているらしい。よく分からない。

メーリング・リストの市場化

個人データのデータベース化はなにもUSPSだけが実現したわけではない。この時期、メーリング・リスト事業者も顧客データのデータベース化を図り、それを事業化しつつあった。問題は当の顧客データをどこから収集するのかにあった。

収集源としては、まず、パブリック・ドメインにあるデータがあった。それは新聞、雑誌、電話帳などから集められた。つぎに、行政機関のもつデータがあった。たとえば連邦通信委員会の発行する市民バンド無線放送免許証の所持者名があった。また州政府の保有する釣の免許証や理髪店の認可証の所持者名もあった。最後に、個々の企業がその営業活動——その一つが通信販売——を通して得るデータがあった。

メーリング・リスト業界は、一九七〇年代以降、社会において目立つ存在になった。まず、その活動の家庭への浸透がコンピュータによって格段に増幅され、同時に社会人のプライバシー意識が一段と敏感になったためである。

この時期、メーリング・リスト事業は成熟した水準に達していた。まず、メーリング・リストについて、売り手と買い手がいる。双方ともに通信販売業者である。多くの場合、両者のあいだに流通業者が入る。流通業者の仕事はメーリング・リストの編集、加工から、その販売、貸与、交換、あるいはダイレクト・メールの発送にいたる。これらの業務は複数の事業者によって分担されることもある。

これらの業者を仕切っていたのが、さきに紹介した業界団体のＤＭＡであった。そのＤＭＡは一九七一年に自主規制としてメール選択サービス（ＭＰＳ）を始めた。これは本人からダイレクト・メール拒否の意思表示があれば、ＤＭＡの加盟各社はそのメーリング・リストからその人の名前を削除し、それ以後はいっさいダイレクト・メールを発送しないという方針である。ＭＰＳの本意は、このサービスを徹底し、これによってメーリング・リスト利用の自由を社会に認知させることにあったが、現に、そのようになった。ＤＭＡはその後、電話に対しても電話選択サービス（ＴＰＳ）を設けた。

ＤＭＡは業界において、比較的よい自主規制力をもっているという。なぜならば、ここから排除されると、メーリング・リスト取引が実質的に困難になるから、である。

個人データの営利的な利用は、つまりメーリング・リストの作成、販売、利用は、リストに記録された個人に対するプライバシーの侵害になるのか。これが一九六〇年代末になると議論されるようになった。[6]当時、プライバシー侵害には四つの類型があるとされていた。それは私事への侵入、私事の公表、誤認情報の公表、氏名と肖像の営利的な無断利用であった（1章）。

第一に、メーリング・リストの作成、あるいは購入は、個人の私事への侵入になるのか。そのデータが顧客との取引によって生じたものであれば、これを顧客は承知しているはずである。不快と感じるのであれば、その取引を拒めばよい。また、そのデータを他者から購入したとすれば、その購入が正当な商行為によるものである限り、それは第三者たる本人の制御できる範囲を超えている。これを私事への侵害というにはむりがある。つぎにメーリング・リストを利用したダイレクト・メールの送付は私事への侵入になるのか。ここでは言論・出版の自由とのあいだで微妙なトレードオフが生じる。くわしくは改めて示す。

第二に、メーリング・リストの販売は私事の公表になるのか。メーリング・リストに記録されたものが氏名や住所にとどまれば、それは伝統的にパブリック・ドメインにあるとみなされていた。

第三に、誤認データがあれば、その扱いはどうなるのか。データの更新が結婚、離婚、死亡に追いついてなければ、受取人は不愉快な思いをするだろう。（日本語の場合には、カナ表示の読み違いもありうる。）だがこの程度であれば、受取人はがまんを強いられることになるだろう。ただし誤認が信用データにかかわれば、メーリング・リストの所有者は非ありと責められてもよい。

第四に、メーリング・リストへの個人データの掲載は、当の本人に対する本人データの営利的な無断使用となるが、それが本人のプライバシー侵害になるのか。ごく一部の著名人を除けば、ほとんどの個人は自分の名前に財産的な価値をもっているわけではない。とすれば、ここでもプライバシー侵害は生じない。

もう一つ、メーリング・リストは慈善事業への勧誘、政治的活動の宣伝にも役立つ。つまり営利的利用がすべてではない。これらがその扱いをさらに難しくする。

ということで、メーリング・リストにかかわる論点については、伝統的なプライバシー侵害論では対応しにくくなった。そもそもメーリング・リスト業者の実現したことは、政府保有データの営利的利用、そのコンピュータによる有効性の増大、この二つにあった。いずれも、メーリング・リストとそこに記録された個人とのあいだに、より強い緊張をもちこむものとなった。ここでプライバシー保護の課題は、情報公開、そして言論と出版の自由と深くかかわるようになった。

宛先削除、すなわち監視

一九七〇年、連邦最高裁は、ダニエル・ローワンが郵政省を訴えた裁判に判決をくだした[7]。それは郵政省のもつメーリング・リストにかかわるものであった。その訴因は、郵便歳入法は米国憲法修正一条を侵害している、というものである。なお、ローワンは通信販売とメーリング・リスト販売を業とする私企業の経営者であり、郵政省は郵便歳入法の所管官庁であった。

まず修正一条であるが、それは「言論と出版の自由を制限する法律を制定することはできない」と示していた。ローワンは、ここにいう言論と出版の自由のなかには「口頭で、文書で、またそれがいかなる方法であれ、他者と通信する自由」が入る、ここにはとうぜんダイレクト・メールも含まれる、と主張したのであった。

いっぽう、違憲であると名指された郵便歳入法はどんなことを決めていたのか。ここには「郵便中にある悪事を仲介する広告の禁止」という条項があり、ここでつぎのように規定していた。第一、所帯主つまり受取人は、性的に刺激的だとみずからが信じる物品に対しては、その販売用広告を遮断することができる。第二、郵政省長官は、受取人から上記のカテゴリーに入る広告があったとの通告を受けたときには、当の広告の差出人に対して当の受取人へのさらなる郵便を禁じなければならない。第三、郵政省長官は、差出人に対して、その保有する全メーリング・リストから当の受取人の名前を削除せよと、くわえてその名前を含むメーリング・リストの販売、貸与、交換を停止せよと、命じなければならない。

訴訟は、カリフォルニア州中部地区連邦地裁で始まったが、ここではけりがつかないままに最高裁にもちこまれたのであった。この時点、当の法律に基づいて郵政省長官に通告される苦情は年間二五万件に達していた。

最高裁においては、いくつかの論点が確認された。まず、郵政省は監視についてはいかなる機能ももたないこと。つぎに、郵政省長官に残されている権限は、差出人のもつメーリング・リストから受取人の名前を削除するかどうかという決定のみであること。最後に、この法律はメール自体には無関係であり、メールの差出人に対してのみ影響を及ぼすこと。つまり、メーリング・リストからの名前の削除はメール自体の検閲にはあたらない、ということであった。これらの確認にしたがって、最高裁は郵便歳入法は違憲ではない、との判断を示した。

判決文をみると、ここには知る権利とプライバシーとの関係について、いくつかの注目すべきコメントが示されている。これを紹介しておこう。その一。「独りにおいてもらう権利」というすべての人がもつ権利は、他者と通信する権利と釣り合いをとらなければならない。その二。差出人のもつ「通信の権利」は、受けとりを拒む人の郵便箱で立ち止まらなければならない。その三。「個人の家庭はその人の砦であり、そこには国王といえども立ち入ることはできない」という昔ながらの概念（7章）は、現代でもその活力をまったく失っていない。

じつは、この訴訟には先例があった。一九六七年、すでにニューヨーク地裁は郵便箱にはプライバシーの権利は及ばない、という判決を示していた。(8) とすれば、それはパブリック・ドメインにあることになる。また、おなじ訴訟は、ニューヨーク州保有の車両登録簿に記録された個人データは公的記録であり、ここにはプライバシー保護は及ばない、としていた。この訴訟は上記の登録簿販売について是非を問うものであった。

情報公開との折り合い

情報公開とのかかわりはどうか。(9) 行政機関のもつ個人データは、USPSのNCOAに限らない。内国歳入庁の徴税データ、社会保障庁の年金データなど多様のものがある。メーリング・リスト業者は、それらの公開を欲するはずである。だが、情報公開を定めた一九六六年の情報自由法は適用除外の規定を設けており、そのなかに「開示すれば、個人のプライバシーへの明らかに不当な侵害となる人事および医療に関する書類」を含めている。つまり行政機関のもつ個人データは原則、公開禁止である。

だが一九七四年の連邦プライバシー法はこの規定にさらなる例外を設けた。それは個人に関するデータについては、その「日常的な使用」を「例外として許される公表」とした。くわえてその日常的な使用については「収集目的に合致した目的のための使用」と定義している。ここでNCOAにもとれば、郵政省そしてUSPSは、そのデータベースの販売はこのカテゴリーに入る、と主張していた。だがどうだろう、NCOAのデータ収集目的は、本来、郵便物の誤配防止にあるはずであった。

ここで一言。当時、あるメーリング・リスト事業者は、政府統計の個々の調査票は入手できないが、その集計表から二七五世帯ごとの平均値であれば求めることができる、と豪語していた。その統計値は、所得、子供の数、洗濯機の保有数、教育水準、職業特性などに及んでいた。

話がそれるが、一九八〇年代の日本でも、自治体のもつ個人データを巧妙な手段で入手し、これを中国の経済特区へもちだして入力していたメーリング・リスト事業者がいた。当時の日本にはこの事業者の行動を縛る制度はなかった。私は当の企業の経営者がこの事実を自慢気に無邪気に語ったのを覚えている。この事業者はデータベース業界からみてアウトサイダーであり、当時、業界の役員をしていた私は、このようなタダ乗り行為に手を焼いたものである。

ここまでは話を通信販売に限ってきたが、話はこれだけではすまない。すでに一九世紀に出現していたもう一つのビジネスがあった。それが通信販売業界と重なる行動をとるようになった。それはクレジット業界であり、それを支える信用調査業界であった（4章）。

オプトアウト、オプトイン

肝心な話が残ってしまった。消費者は自分の住所をどこまで制御できるのか。さきにDMAのMPSについて紹介した。ここでは、消費者へのメール送付は原則自由、ただし消費者が拒んだ場合にのみメール送付が中止される、という原則が設けられていた。これを「オプトアウト」――拒絶選好――という。

オプトアウトがあれば、「オプトイン」――受信選好――があってもよい。これは消費者へのメール送付は原則禁止、ただし受信者が望んだ場合にのみメールが送付される、という原則である。こちらは一九八八年のビデオ・プライバシー保護法において実現した。この法律は、ビデオのレンタル店やケーブル・テレビ事業者に対して、消費者にオプトインを保証せよ、というものであった。いうまでもないが、オプトインのほうがオプトアウトよりもはるかに事業者に負担を強いるものである。

今日さまざまの取引において、とくにインターネット取引において、オプトアウトがデファクトの標準として運用されている。オプトアウトをよしとする慣行は郵便や電話が情報媒体として使われていた時代に確立されたものであり、これがそのままインターネットに導入されてしまった。だが、この慣行を伝送コストが格段に安くなったインターネット取引においてもそのまま通すことについては議論があるだろう。

このオプトアウトがインターネット取引の活況を支えていることは事実である。だが同時にこれが消費者におそるべき量のメールを一方的に送りつけていることも事実である。この折り合いをどこでつけたらよいのか。現実解は、オプトアウトとオプトインとを適当に混ぜあわせることにより得られるだろう。その例は、米国が欧州連合と結んだ電子商取引に関するセーフ・ハーバー・プライバシー原則のなかにある（12章）。

話を一般化すれば、オプトアウトとオプトインという手順は本人が自分のデータを制御するためのよい手段である[10]。この適切な使い方が、たぶん、次世代の個人データ保護制度の設計にあたっては、よき道具の一つになるはずである（14章）。

文献

（1）United States Postal Service "The United States Postal Service : An American History 1775–2002" (2003), 〈http://www.usps.com/lpim/ftp/pubs100/〉

（2）アレクシ・ド・トクヴィル（松本礼二訳）『アメリカのデモクラシー 第一巻（下）』岩波書店、二〇〇五（原著一八三五）

（3）Charles Babbage 'Chapter XXXIV from "Passages from the Life of a Philosopher"': Philip Morrison et al. eds. "Charles Babbage", Dover, p. 136–157 (1961)

（4）D・A・レン、R・G・グリーンウッド（井上昭一ほか訳）『現代ビジネスの革新者たち：テイラー、フォードからドラッカーまで』ミネルヴァ書房、二〇〇〇（原著一九九八）

(5) Anne Wells Branscomb "Who Owns Information : From Privacy to Public Access", BasicBooks (1994)
(6) 阪本昌成「メイリング・リストの作成・販売およびダイレクト・メイルの法的規制：アメリカの動向」：神山敏雄ほか編『顧客リスト取引をめぐる法的諸問題：DM・テレマーケティングとの関係で』成文堂、一—三六頁、一九九五
(7) 397 U. S. 728 (1970)
(8) 269 F. Supp. 880 (D. C. N. Y. 1967)
(9) 堀部政男『アクセス権』東京大学出版会、一九七七
(10) 林紘一郎『情報メディア法』東京大学出版会、二〇〇五

4　クレジット・カード、クレジット・スコアリング

個人データは、二〇世紀になると、あまねく利用されるようになった。行政分野においては社会的な差別を抑制するために、商業分野においては消費者の便益を高めるために。この利用の拡大とともに、個人データのさらなる収集、さらなる蓄積、さらなる流通が求められるようになった。プライバシー保護の概念も、これとともに変質してしまった。

輸送、現金輸送、そして送金

独立直後の米国においては、社会基盤のすべてが未完成であり、そのすべては自然発生的に整備された。金融システムについてもしかりであった。これについて、J・K・ガルブレイスは先人のつぎのような文章を引用している。「教会、酒場または鍛冶屋のあるほどの大きな町は銀行を設立するのに適した場所であるとみなされていた」。したがって「床屋やバーテンダーでさえ（「通貨」の発行について）銀行と競争した。……ほとんどすべての市民が、貨幣を発行することは憲法上の権利であるとみなしていた」[1]。こんな事情があったので、米国の金融システムが欧州なみの秩序をもつまでには時

間がかかった。

広大な国土のなかで見知らぬもの同士が取引するためには、送金サービスが不可欠であった。だが、全国規模の送金サービスは未完成であった。どの銀行をみても、それは集中度が低く、かつ全国的に分散しており、小切手の流通にはリスクがあった。また、政府のサービスする全国的な郵便為替システムも未発達であった。

ここに商機をみつけた企業の一つに、ヘンリー・ウェルスとウィリアム・ファーゴが設立したアメリカン・エクスプレスがあった。設立は一八五〇年であった。当初、その事業は郵便と競合する民間の運輸サービスであったが、それはただちに現金輸送へと拡げられた。その事業は一八八二年に送金証書——送金会社から送金会社へ——のサービス、さらに一八九一年にはトラベラーズ・チェック——送金会社からホテルや料理店へ——のサービスへと拡がった。二〇世紀半ばを過ぎると、この先にクレジット・カードが出現することになる。

といったことで、一九世紀末には、銀行の小切手、郵便為替、金融サービス会社の送金証書がそれなりに動いており、これらが草創期の通信販売、そして信用販売を支えた。

家具店、医者、シンガー、フォード

米国で信用販売の始まったのは一八〇七年、それはニューヨークの家具販売店においてであった。このシステムはしだいに他の業種へと拡がる。それはまず医者に導入された。医者のビジネス・モデルは薬への支出が先、患者からの収入が後、という形であった。

ここにアイザック・メリット・シンガーが登場する。一八五六年、彼は別人が開発しつつあったミシンを家庭向けの商品に仕立て、その割賦販売に踏みきった。これで彼は産をなした。南北戦争のあとになると、割賦販売の対象は、自転車、オルガン、百科辞典へと拡がる。すでに述べたが、シアーズ・ローバックが売上を伸ばしたのは現金後払い、つまり信用販売にしたためであった（3章）。ただし割賦販売はまだ少なかった。

もともと少額の消費者金融としては質屋があった。それは担保つきの消費者金融であった。二〇世紀に入ると、T型フォードが担保とみなされるようになる。住居は持ち逃げされないが自動車はどうか、といった危惧もあったらしい。これが無担保のクレジット事業へと移ることになる。

取引の形だが、まず現金払いがあった。つぎに顔見知りへの掛売があった。だが、通信販売の導入とともに、遠隔地の顧客への掛売も求められるようになった。このときに、そうした顧客に対する信用調査が不可欠になり、このために顧客情報の交換所が作られ、信用を供与した人、あるいは債権を回収した人から顧客情報を集めるようになった。二〇世紀になるとこれが個人信用調査ビジネスへと成長することになる。

カード、信用の囲いこみ

一九一四年、大手の小売店がクレジット・カード（以下、カード）の利用を始めた。(2) 当初はカードの発行を富裕層に限り、これによって顧客の身元確認にくわえてその顧客の囲いこみも図った。このときに顧客の囲いこみは、そのまま信用の囲いこみとして理解されたことになる。

信用販売の事業者はカードが新しいビジネス・モデルとなることに気づいた。まず、事業者はカードを常連客に配った。だが、つぎに配布を常連ではない客層にも拡げた。これは事業者の売上高を増大させた。したがって、事業者にとってはより多くのカードを未知の顧客に渡すことが関心事になった。

消費者からみると、カードの使い勝手はそのカードの汎用性にかかっている。汎用性とは、どんな店でも、どんな業種の店でも、どんな地域でも、それを使うことができる、ということである。これを理解した事業者側は、複数の店舗でも使える共通カードを設けるようになった。まず小売業界、ついで石油業界、航空業界が参入した。

第二次大戦後の一九四九年、ここにダイナーズ・クラブが新しいビジネス・モデルをもちこんだ。第三者が売り手と買い手とを仲介し、この仲介手数料を売り手からとる、というモデルであった。もう一つ、その汎用化、つまり売り手の業種拡大を徹底させた。それは当初料理店にとどまったが、これを小売店、ホテル、……、と膨らませた。ダイナーズにアメリカン・エクスプレスが続いた。これを業界では旅行・娯楽系（Ｔ＆Ｅ系）のカードと呼んだが、このＴ＆Ｅ系の事業者の出現は、カード業界に激しい競争をもたらした。

ここに銀行業界が仕掛けてきた。それは二つのネットワークを設けた。それが後にＶＩＳＡとマスターカードとになった。銀行系のカードも多くの業種、全国にわたる地域で使えるように設計されていた。Ｔ＆Ｅ系と銀行系のカードは、信用の囲いこみについて、その規模を大幅に拡げた。

文脈が乱れるが、ここで一言。米国の消費者保護の流れは、一九六二年、ときの大統領ジョン・F・ケネディの宣言した四つの消費者の権利に始まる。その四つの権利とは、安全を求める権利、知らされる権利、選ぶ権利、そして意見を聞いてもらう権利、である。このときに公正信用報告法（後述）の基盤が設けられたことになる。

レッドライニング

信用の囲いこみというからには、信用できない消費者を排除しなければならない。その排除はどのようにして実施すべきか。そのような相手に対して入り口を閉ざしてしまう。これ以外に、手段はない。

入り口はどこにあるのか。カードの申込書にある。カード会社はその記載事項をみる。もし、その年齢欄に一八歳未満の数字があれば、その申込みを拒むだろう。カード会社は、信用できない消費者は低所得層に属する、と定義し、未成年者をここに属すると判断したことになる。だが、おなじような判断を、べつの個人的な特性、たとえば性、人種などによってくだすとなれば、これは性差別、人種差別を認めることになる。

連邦議会は、すでに一九六八年の人権法において、人種、皮膚の色、宗教、性、出身国による人びとの差別化を禁止していた。[3] ただし、ここに住所が入るのか否かについては明らかではなかった。その議会は、一九七四年にさらに均等信用機会法を制定し、差別のなかに結婚歴、年齢を含めた。しかもここに社会保障給付の有無まで加えた。住所についての判断は、なお明らかにはされなかった。カード会社がとった対策には「レッドライニング」つまり「赤線引き」があった。これは、都市内の荒廃した地区の住民に対して取引を拒む手法を指していた。その地区はＺＩＰコードによって指定することができた。レッドライニングはじつは銀行や保険会社が開発した手法であった。

クレジット業界は、レッドライニングに関する懸念について、自身をつぎのように正当化した。自分たちは人種主義者ではない、性差別論者でもない、格差是認論者でもない、そうではなくて慎重な企業人にすぎない、事業の安全性と健全性とに関心をもっているだけである。そしてつけ加えた。信用は恩恵的な特権ではなく法的な権利なのであり、レッドライニングは信用の付与に不可欠な手段なのである。この操作の適法性については、その後も米国の法学研究者にとって格好の主題になっている。

レッドライニングは、住所を外しても実現できるだろう。たとえば職業によって信用の付与を判断する、という操作もないわけではない。ある職業が、とくに低所得層の人、あるいは移民によって占められている、ということもありうるからである。

カードすなわち本人？

カードの狙いはその持ち主を常連客として囲いこむことにあった。ただしその前提に、カード所有者すなわち本人とみなす仮定があった。初期のカード発行者は、カードの紛失や悪用について意識はしていたものの、それを軽く評価していたふしがある。(4)

というのは、申込みのない消費者にやみくもにカードを送りつける事業者が出現したからである。銀行系のカード業者が一九六〇年代後半にこの方針をとった。これを「非請求カード」という。案の定、カードにからむ不正行為が増大した。一九七一年、VISAは不正行為による損失を全取扱額の〇・三二パーセントにのぼると報告した。

カードにからむ脆弱性として、当時の報告はつぎのような行為を列挙している。被害金額順で並べると、盗み、紛失、郵送中の盗み、販売店の不正請求、消費者と販売店の共謀、不正な申込み、電話による不正、製造または流通過程における盗み、変造、偽造または改竄、となった。盗みであるが、誰が盗んだかといえば、その第一位は売春婦であった。

盗難カードは地下市場で取引された。その値段は、T&E系、銀行系、石油系、航空系の順に高くなった。セキュリティの高いカードは安く、盗難一週間以内のカードにはプレミアムがついた。一九七〇年、連邦取引委員会は非請求カードを禁止した。一九七四年、連邦議会はカード犯罪を刑法に組みこんだ。

偽造カードが最初に報告されたのは、一九七一年であった。発見されたのは刻印された数字のフォントが標準と違っていたためであった。ただし、偽造の方法はしだいに巧妙になる。「剃る、そして貼る」という手法がはびこった。その手順は、この呼び方から想像できるだろう。

カードはじつは本人の身元確認証の意味を隠していた。他方、市場の大きさが拡がり、顧客の数が増え、その住所がはるか彼方、ということになると、顧客の身元確認は困難となった。このときに、カードは身元確認用の道具として見直されることとなる。

一九一四年の最初のカードは紙製であった。一九二八年になると、ここに「チャルガ・プレート」と呼ばれるカードが入りこんできた。それは表面に顧客の氏名、住所、信用情報を刻印した金属板であった。

戦後になる。一九五二年にスタンダード石油は裏面に文字を刻印したアルミニウム製のカードを開発し、本人確認の誤りを少なくすることに成功した。これが後日、プラスティック製カードの原型になった。この後、写真つきカード、磁気カードなどが続く。写真つきはポラロイドの、磁気カードはＩＢＭの提案であった。また、文字の自動読取方式も開発された。これを歓迎したのは流通系の店舗であった。

カードは、このようにしてその信頼性を段階的に向上してきた。だが、どんな新しいカードであっても、それは「矛→これに対する楯→これに対する矛→……」という「矛と楯の論理」（15章）によって、つまり新しい偽造法によって、ただちに挑戦された。

カードのセキュリティを維持するためには、カード自体の信頼性の向上とともに、販売店がカード所有者の信用状態を実時間で確認できなければならない。この確認は、当初は警告書としてセンターから郵送されていた。そのためにセンターと販売店のあいだに一週間ほどの時差が生じた。一週間未満の盗難カードにプレミアムがついたのはこの時差があったからである。

一九七三年、ＶＩＳＡが信用照会に関する最初の全国ネットワークを動かし始めた。これによって、すべてのカード保有者の信用データに、どんな店舗からでも、いつでも、どんな地域からでも、アクセスできるようになった。このようにしてカード・ビジネスは、高信頼性を目指す広域、実時間処理の情報システムとなった。にもかかわらず、ここでも矛と楯の論理が働き、その信頼性はつねに脅かされている。

野放しビジネスのシステム化

カード会社は新しい顧客を見つけるためにどんな手順をとったらよいのか。人種、年齢、性などを判断基準にしてはならないとすれば、くわえてレッドライニングもいけないということになれば、べつの手法で、未知の顧客候補の信用状況を評価しなければならない。

この求めに応じるビジネスはじつはすでに存在していた。それが信用調査会社――クレジット・ビューローとも呼ばれる――であった。この型の企業は一九世紀末からすでに個人の信用情報についてそのサービス始めていた。大手の信用調査会社をみると、エクイファックス――通称ＣＢＩ――は一八八九年に、ＴＲＷクレジット・データ（以下、ＴＲＷ）――後に英国籍のエクスペリアンにＭ＆Ａされる――は一九五八年に、トランス・ユニオン・クレジット・インフォメーションは一九六八年に設立されていた。なにを言いたいのかといえば、この業界にきちんとした法的な秩序――公正信用報告法――ができたのは一九七〇年であったが、その時点で、信用調査会社は法的な網をかけられるまえに、米国社会のなかにそれなりの存在感を示していた、ということである。この分野の業界団体にクレジット・ビューロー組合（ＡＣＢ）があるが、その代表は後に連邦議会の公聴会において公正信用報告法の制定前は、このビジネスは「野放し状態」であったと証言している。

現に、その公正信用報告法はその冒頭において「議会は以下の事実を認める」と示し、ここに「消費者の信用、信用状態、信用能力、身上事項および社会的評判を調査し、評価するために、高度な機構が発達してきた。消費者報告機関は、消費者信用およびその他消費者についての情報を収集し、評価することにつき、きわめて重大な役割を担ってきた」（小林麻里訳）と記述していた。[5] これが法律制定時点における議会の認識であった。つけ加えれば、大手の信用調査会社は、一九六〇年代末には、これらのデータを全国のあらゆる分野から収集し、これをコンピュータに集積していた。

ここで公正信用報告法を要約しておこう。まず、この法律の目的であるが、この法律には「信用調査報告が許される目的」という条項があり、ここに信用取引、雇用目的、保険の引受け、政府の与える免許適格性の判断、そして正当な営業上の必要、を挙げている。この「正当な営業上の必要」にはクレジット・カード業者――くわえて通信販売業者――へのサービスも入る、と解されていた。この解釈によってクレジット・カード業者は未知の顧客候補の信用データを信用調査会社から入手することができた。

つぎに、何が「信用調査報告」になるかであるが、それは前記のように「消費者の信用、信用状態、信用能力、身上事項および社会的評判」である。ＴＲＷの代表者が下院公聴会で陳述した議事録をみると、ここに、氏名、住所、社会保険番号、生年月日、勤務地、信用取引の購入商品、返済残高、信用取引の条件、返済記録が入り、これに加えて、判決、租税先取権、破産に関する情報も含む、としている。

公正信用報告法のもとで、一九八〇年代以降の米国には信用調査会社を中心とした信用情報ネットワークが出現することになる。[6] ここにはメーリング・リスト会社、クレジット・カード会社、銀行、保険会社など、くわえて信用情報の仲介業者（後述）、スコアリング会社（これも後述）、さらには各種免許を扱う行政機関がぶら下がるようになる。弁護士、医師、家主、地主などもここに加わっている。TRWがその顧客へ渡した報告書は、一九九〇年代初頭、毎日、五〇万件に達したという。

クレジット・スコアリング

信用調査報告にあるデータはどのように使われるのか。[7] 「職業」のデータについて例を示そう。「引退」であれば「15」、「専門職」であれば「36」、「事務職」であれば「27」、営業職であれば「18」、サービス職であれば「12」、「その他」であれば「26」という値を与える。このような操作を「スコアリング」という。

このスコアリングであるが、複数のデータを組み合わせた篩いを作れば、その効用をさらに高めることができる。たとえば「これまでの信用歴が無傷、銀行系のカードを複数保有、一万ドルの未使用の信用限度額あり」といった篩をかければ、本人のさらなる特徴を浮かび上がらせることができるだろう。

スコアリングとは、ある人に関する消費者信用データを入力とし、その人の信用状況を一つの数値として出力する数学的な手法を指す。その狙いは、ある顧客に信用力があるのか否か、それを評価し、よい顧客を選別することにある。

この方法は個人信用の評価を人が志摩憶測するのではなく、コンピュータに瞬時かつ自動的にさせることを可能にした。この瞬時かつ自動化という特性は、貸手の評価コストを削減することに役立ったが、同時に、貸手に法的な正統性を主張させる根拠にもなった[8]。貸手は主張した。評価は客観的なデータによって自動的に実行される。くわえて、その入力には人種、あるいはライフ・スタイルといった差別的な要因の含まれることはない。したがって公正信用報告法にも、均等信用機会法にも合致する。二〇世紀末になると、この手法を用いない貸手は「故意の過失」をしているのではないか、といわれるまでになった。

公正信用報告法は信用調査事業について条件を設けているが、ここでとくに問題となったのは、信用調査会社に課せられた「合理的な手続」と「情報の正確性」とであった。この合理的な手続についてであるが、法廷はスコアリングを実施していることを、その判断の支えにする場合もあった。

問題は、このスコアリングが正確なデータベースに基づいて実行されているのかにあった。正確なデータベースであるためには、データの入力と更新とに手抜かりがあってはならない。だが、現実には他人が自分になっていたり、離婚した人が結婚していたり、という例が頻出した。つまり「情報の正確性」に見落としがあった。

信用調査会社は、公式にはデータの誤りは、いや「誤り」とはいわずに「瑕疵」といっていたが、それは父親と息子、とくに「シニア」あるいは「ジュニア」のついていない場合、離婚した場合、さらに偽名を使われた場合に生じる、と釈明した。

スコアリングの正確性を上げるためには、信用情報会社を中心とするさまざまの機関のあいだで、信用データの交換が円滑になされなければならない。だが、自分の顧客に関するデータを信用情報会社に提供しない銀行なども出現するようになった。優良顧客を競争者に知らせたくないためであった。このような環境のもとでは、スコアリングのもとになるデータに歪みが入ることになる。

スコアリングは一九五六年にウィリアム・フェアとアール・アイザックとが開発し、商品化したものである。最初の顧客は金融分野の会社であり、これに通信販売業者が、さらにクレジット・カード会社が続いた。

信用情報会社とのデータ交換について、それが日常化するとともに、新しい課題も現れてきた。[9] 一九八〇年代になると、国のもつ債務者ファイルは信用情報会社につながる。TRWは、試行的ではあったが、そのデータベースに含まれる社会保障番号を社会保障庁のそれと突き合わせたこともある。逆に、行政機関は信用情報会社にアクセスできるのかという議論も生まれた。あれこれあったが、内国歳入庁がまずアクセスするようになった。改めて示すが、二〇世紀末になると、行政機関が民間から個人データを購入すること、あるいは民間企業に個人データの処理をアウトソーシングすることが当たり前になるだろう（9章）。

ここで個人的な記憶を一言。私は、一九八〇年代、ある政令指定都市の個人情報保護制度の制定と運用に参加したことがある。その制定時の課題の一つに、自治体はその域内にある民間事業者のプライバシー保護について、なにがしかの規制をかけることができないか、ということがあった。当時は市民活動が活発であり、自治体には国がプライバシー保護をやらないのであれば自分たちがやろう、という気概があった。つけ加えれば、日本における民間部門に関するプライバシー保護法は、一般法としては、二〇〇三年まで存在することがなかった。

もう一つ。これはその条例が走り出してからのことであったが、その自治体においても民間部門の個人データ——たとえば住宅地図——を購入し、これをみずから保有する個人データと組みあわせて使うという業務——たとえば土木工事——がすでに生れていた。ここでの課題として、その地図に誤りがあり、これによって住民に迷惑をかけたときに、自治体はその責任をどうとるべきなのか、ということがあった。

スコアリングは個人のプライバシーを侵す可能性をもっている。カード会社は顧客のカードの使用履歴をもとにスコアリングを実行することができる。顧客ごとに、その人が、なにを、いつ、どこで、買ったのか、これをカード会社は個々の顧客が取引をするつど記録しているからである。ラスヴェガスに旅行した人はそうでない人よりもリスクが大きいと評価される。薬局でニトログリセリンを買った人はアスレティック・クラブに通う人よりもリスクが大きいと判断される。つまりカードの使用履歴には、当の顧客の嗜好や特性が刻印されている。一時期のアメリカン・エクスプレスは、購入記録を分析して、顧客を「ロデオ風、五番街風、流行敏感型、常識人型、伝統指向型、価値追求型」と仕分けていたという(10)。

この手法を使えば、ある人について「人種、年齢、性、住所、酒癖、……」といったデータを与え、ここからその人の信用状態について「よし／あし」を導くこともできるだろう。その単純な例がレッドライイニングであった。この「スコアリング」あるいは「レッドライイニング」であるが、これはその後、より洗練された手法に磨きあげられる。やがて人は「データ・マイニング」という言葉を耳にすみようになるだろう（9章）。

「覗きに関する特ダネ」

一九八九年、『ビジネスウィーク』の九月四日号は巻頭に「覗きに関する特ダネ：しっかりと摑む」という記事を載せた。ジェフェリー・ロスフェダーという記者の書いたものであった[11]。

その記事は、当時の副大統領ダン・クエールのクレジット・カードに関するデータを簡単に入手できた、と伝えていた。そのデータは「社会保障番号は下四桁が４０９６、カードはマスターカード、その番号の下四桁は１５６９、ブルックス・ブラザーズからの買物は、最高四〇〇ドル」などというものであった。この記事が信用調査業界を震えあがらせた。

たまたまこのときに、連邦取引委員会は公正信用取引法の注釈を見直しており、その議論をすることになっていた[12]。とうぜん、ここで『ビジネスウィーク』の記事が話題になった。ＡＣＢの代表者は、当の記者を公正信用報告法とコンピュータ濫用防止法を侵害したと非難し、法律を破る意思があればなんでもできる、当の記者を法廷に訴えるべきであると主張し、この事件は信用調査会社のシステムの不完全さを示すものでもなく、もちろん法律の不備を暗示するものでもない、とみずからを正当化した。そして最後に、ことさら批判的な言辞を弄することによってプライバシー専門家の講演料を吊り上げるべきではない、とつけ加えた。

ロスフェダーはどこからクエールのデータを入手したのか。それは大手の信用調査会社からではなかった。その大手信用調査会社の顧客であった信用情報の仲介業者からであった。この型の業者は一般人からスーパー・ビューローと呼ばれており、その実体は大手信用調査会社の情報の転売業者であった。

大手の信用会社は、自分たちはスーパー・ビューローと公正な手続をしたうえで自分たちの信用情報を販売しており、その相手も公正信用報告法のもとにある、したがってなんら問題なしと主張した。ただし、相手の数が多いので、そのさきでどんな取引があるかを監視することはでない、と弁明もしていた。

いっぽう、ロスフェダーの記事は、自分のアクセスしたスーパー・ビューローはかなりいい加減な対応で信用データを渡してくれた、と語っている。たしかに、ロスフェダーは自分の立場や意図を偽ってアクセスしていた。これにスーパー・ビューロー側はこれっぽっちも疑うことなしに応答していた。ここに問題あり、ということになる。外国の諜報機関もテロリストも、ロスフェダーとおなじことはできる。

このあと、TRWは顧客からのアクセスを自動判別する装置を導入した。顧客にあらかじめアクセスの癖や手順を登録させておき、当の顧客がこれと異なるモードでアクセスしてきたときに警報を発生させる、という仕掛けであった。結果として顧客のプライバシーとさらに深くかかわることになる。

自己データの流通制御

一九六七年『プライバシーと自由』という本が出版された⑬。著者は法学者のアラン・F・ウェスティンであった。彼は一九六六年に『科学、プライバシー、そして自由』という本を刊行しており、この本はその改定増補版であった。前著の題名からも明らかなように、ウェスティンの狙いは、プライバシー問題を科学と——じつは科学技術と——からめて主張することにあった。

ウェスティンは一九六七年版の冒頭において、プライバシーに関する画期的な定義を示した。

プライバシーは、個人の、集団の、または組織の要求であり、それは自分自身が、いつ、いかに、そしてどんな範囲で、自分に関する情報を他者とやりとりするのか、これを決定する要求である。

ここに、いわゆる「自己情報コントロール権」(以下、自己データ流通制御権)と呼ばれる概念が提案されたことになる。注目すべきは、ウェスティンはプライバシーを、個人のみならず、集団、そして組織にまで拡げていたことにある。

なぜ、彼はこのような定義を設けたのか。それは情報と通信の技術における変化に注目したためである。彼の主張をなぞると、つぎのようになる。

第一に、情報の収集と記録の保有とが社会において全面的に拡大している。第二に、大衆社会における人の移動と生活の標準化とが、私企業や政府の国民に対する監視システムを必須としており、このために米国人すべてに関する書類が集積されつつある。第三に、コンピュータの出現によって、上記書類は、より大量に、より効率的に、より迅速に収集されている。第四に、新しい公共プログラムの開発は、個人に関するデータをより求めている。第五に、コンピュータの発展は、そのユーザー相互間におけるデータ共有を加速している。第六に、自動データ処理によって、現金取引のときには残らなかったデータが、個人のライフ・スタイルの記録として貯めこまれている。

注をつければ、一九六〇年代にはIBMシステム360という大型コンピュータが出現していた。この型式名は、三六〇度の全方位にわたって可としてならざるなし、という意味をもっていた。つまり、初めての汎用コンピュータであった。さきに示したVISAの最初の全国的な信用照会ネットワークもシステム360を中心に置いていた。

もう一つ。前記の第四にいう公共プログラムとは、一九六四年の人権法に応えるものであった。この法律は選挙登録、雇用、公立学校における機会均等を求めていた。このためには、人種などに関するデータをきちん捕捉しなければならなかった。これが反射的に差別にかかわるデータの収集を活発にした。

ウェスティンの定義であるが、それはこの時代の研究者に共有されていたらしい。ウィリアム・M・ビーニーは一九六六年に「プライバシーとは、他者が自分の生活空間や活動領域に侵入できる程度について、それを個人、集団、人びとが決定できる法的な自由、あるいは権限である」と示していた⑭。

またアーサー・R・ミラーは一九七一年に『プライバシーへの攻撃』という本を発表し、ここで、プライバシー権を「自分に関係する情報がむやみに外部に出回ることを統制する能力」であると示し、くわえて「個人が自分に関係する情報の流れを制御するコックを支配できなければ、その人はある程度まで、そのコックを操作する人や機関に屈従することになる」と注記していた[15]。

ウェスティンやビーニーはプライバシーの主体を個人、集団などとしていたが、ミラーはこれを個人に限った。このあとプライバシーは個人の権利という理解になった。

ウェスティンは、上記の定義を示したすぐあとで、つぎのように述べている。「プライバシーに対する個人の要求は決して絶対的なものではない。なぜならば、社会参加もおなじく大きい要求であるから」。ただし、このパラグラフを引用する人はいない。なぜか。

最後に確認しておこう。自己データ流通制御権という概念は法律に導入されているのか。いるとすれば、どんな形によってなのか。公正信用報告法がその最初の試みを示している。この法律は消費者につぎの権利を与え、信用情報機関につぎの義務を課していた。第一に、前者は自分の情報について、その開示を後者に求めることができる。後者はこれに応じなければならない。第二に、前者は、開示された情報に不正確な点があれば、その削除を後者に求めることができる。後者は、これに応じなければならない。第三に、後者は、前者の要求に応じられない場合には、顧客向けの信用報告書にここに争点のありと記載しなければならない。以上である。

ここに示された手順は、その後、プライバシー保護制度について語るときには、ゆるがせにできない原則となる。

文献

（1）J・K・ガルブレイス（鈴木哲太郎訳）『経済学の歴史：いま時代と思想を見直す』ダイヤモンド社、一九八八（原著一九八七）
（2）L・マンデル（根本忠明・荒川隆訳）『アメリカクレジット産業の歴史』日本経済新聞社、二〇〇二（原著一九九四）
（3）Willy E. Rice 'Race, Gender, "Redlining", and the Discriminatory Access to Loans, Credit, and Insurance : An Historical and Empirical Analysis of Consummers Who Sued Lenders and Insurers in Federal and State Courts, 1950-1995' "San Diego Law Review" v. 33, p. 583-464（1996）
（4）上記（2）
（5）江夏健一編（小林麻里訳）『FTC vs. FCRA：連邦取引委員会の公正信用報告法「注解」をめぐって』文信堂、一九九一
（6）横田貫一「アメリカの公正信用報告法について」：塩田親文ほか編『個人信用情報の法的保護』商事法務研究会、一八五―二一一頁、一九八六
（7）E・M・ルイス（アコム・プロジェクト・チーム訳）『クレジット・スコアリング入門』金融財政事情研究会、一九九七（原著一九九四）

（8）Kenneth G. Gunter 'Computerized Credit Scoring's Effect on the Lending Industry' "North Carolina Banking Institute" v. 4, p. 443-473 (2000)

（9）アメリカ自由人権協会（青木宏治・高蔦英弘訳）『プライバシーの権利：情報化社会と個人情報保護』教育史料出版会、一九九四（原著一九九〇）

（10）3章（5）

（11）ジェフリー・ロスフェダー（大貫昇訳）『狙われる個人情報：コンピュータ社会の罠』ジャパン・タイムズ、一九九三（原著一九九二）

（12）上記（5）

（13）2章（10）

（14）1章（12）

（15）1章（8）

5　電話番号、通話記録、そしてクッキー

電話は一九世紀末に高度技術として生まれ、二〇世紀に社会を支えるシステムへと成長した。だが、その普及とともにプライバシーについてさまざまの侵害現象を引き起こすようになった。盗聴、電話帳ビジネス、迷惑電話、逆探知など。インターネットは侵害現象のカタログをさらに膨らましつつある。

交換手から交換機へ

アレキサンダ・グラハム・ベルが電話に関する特許をとったのは一八七六年であった。当時の米国は同時代のマーク・トウェインが「金ぴか時代」と呼んだ状況にあった。だからだろう。ただちにこの技術に賭けた起業家が出現した。

電話の事業化にあたっては、当初から二つのモデルがあった。その第一はエンド・トゥ・エンド型あるいは専用線型である。その第二はハブ・アンド・スポーク型あるいは公衆網型である。前者はユーザーが話相手と一本の回線を共有し、ここで自由にメッセージを送受するモデル、後者はユーザー

がいったん第三者——電話局——を呼び出し、その仲介によって話相手に回線を接続してもらい、そのうえでメッセージを交換するモデル、である。電話事業ではユーザーを加入者と呼ぶ。

二つのモデルには、それぞれ利点があり欠点があった。プライバシー保護についてみれば、専用線方式のほうが明らかに保護水準が高い。ここに第三者が介在しないためである。だが経済性という点についてみれば、公衆網方式のほうが格段に優れている。専用線方式では加入者は相手の数だけの回線を敷設しなければならないが、公衆網方式ではそれは電話局までの一本で足りるからである。

電話事業は、まず一八八七年の四月に専用線型のサービスとして、またその翌月には公衆網方式のサービスとして稼働を始めた。前者は電器商経営者の職場と家庭のあいだの連絡用として、また後者は盗難警報システムの付属サービスとしてであった。どちらもボストンにおいてであった[1]。

くり返せば、公衆網方式は経済性において格段に優れていた。だからこの時代に出現した多くの電話会社はこの方式をとった。その電話会社の機能は、回線を敷設することとメッセージを交換することであった。このメッセージ交換をめぐってプライバシー保護上、厄介なあれこれが数多く生じた。

電話技術は既存の電信事業者からは冷淡に扱われた。彼らはすでに通信事業に巨額の投資をしていたからである。それは鉄道、新聞、報時など、社会基盤にかかわるサービス、あるいは事業者向けのサービスとして市場を確立していた。したがって電話事業への参入者は新しいユーザーを発見しなければならなかった。

電話の事業者も最初はビジネス向けのアプリケーションを狙った。だが事業者の思惑にかかわらず、ここに職場家庭間、家庭相互間というアプリケーションも入りこんできた。電信システムの運用には電信士という専門家が不可欠であったが、電話にはそれは不要だったからである。加入者は交換手に相手の名前を告げれば、あとはしゃべるだけで十分であった。二〇世紀になってからであるが、シアトルの電話事業者が市場調査のつもりで顧客のメッセージを盗み聞きした記録がある。これによると、事業所間が二〇パーセント、事業所家庭間が二〇パーセントであるのに対して、家庭間が四五パーセントを占めていた。(2)

この時代の電話機の信号対雑音比は劣悪であり、ユーザーは大声で怒鳴らなければならなかった。たまたまその部屋に居合わせた人の耳にはそのメッセージが容赦なくとびこんだ。用心深い人は、まず電話で相手の在宅を確かめ、ついで相手方に出かけたという。

問題は交換手が加入者のメッセージを盗み聞きできることであった。交換手は加入者の私事に通じることになり、そのいくばくかについては、それを日常的な業務のなかでべつの加入者に洩らすこともあったらしい。また、それを喜ぶ加入者もあったという。ということで、交換サービスには新しいメニューが自然発生的に加わった。

もともと電話会社はその事業のなかにニュース、教会の礼拝、天気予報、緊急通報などのサービスも揃えていた。ここに噂話のサービスが含まれることは十分にありえた。さきに述べたように、交換手にも、くわえて電話サービスの加入者にも、プライバシー保護を求めることはまだむりな時代であった。

家庭が市場になることを知った事業者は、家庭向けのサービス料金を引き下げ、くわえて料金を定額制、つまり使い放題にした。もう一つ、共同電話という仕掛けを設けた。これは同一回線のさきに複数のユーザー端末をぶら下げる方式であった。このシステムのもとでは、誰でも共同加入者のメッセージを立ち聞きすることができた。秘話装置はなかった。このような立ち聞きの延長上に、やがて法執行機関による「盗聴」という行為が、少し遅れて通信事業者の規範として「通信の秘密」という理念が、それぞれ現れるはずである。電話システムはコール・ガールという職業や摩天楼という空間を作っただけではなかった。

もちろん電話会社も交換手の過度なサービスを黙認していたわけではなかった。立ち聞きの禁止は、米国においては事業者の自主規制にすぎなかったが、フランスでは行政が立ち入った規則を設けた。交換手は機密保持の点から警官、銀行家、知事、そして外国人と結婚することを禁止された。ここでは電話事業が一八八九年に実質的に国有化されていたので、このためだったのかもしれない。

話が散らかるが、交換手によるニュース・サービスについては、その可能性を科学誌の『ネイチャー』がベルの特許取得後にただちに予想していた。この型のサービスは「電話新聞」として一九九八年にハンガリーのブダペストに導入される。これが放送サービスの原型となる。放送サービスはこの後ラジオに移行、さらにTVへと発展しつつ、二〇世紀を通じて多様な形でプライバシーとかかわりをもつことになる。

一八九一年、アルモン・B・ストロージャーが自動交換システムについて最初の特許をとった。彼は悪質な交換手がおり、その交換手が顧客からの自分に対する注文を自分の競争相手に回してしまうと疑い、交換手なしのシステムを工夫したのであった。これが自動交換機の原型になる。つけ加えれば、ストロージャーの商売は葬儀屋であった。自動交換機であるが、その普及には長い年月を要した。とくに農村部では遅れた。だから交換手には、本来業務のメッセージ交換においても付帯業務の噂話サービスについても、なお居場所が残った。

名前より番号

顧客は、当初、交換手に相手先の氏名を告げることによって用を足すことができた。だが交換手にとってみれば、すべての顧客についてその名前とその交換台上のジャックの位置とを対応させてそらんじることは難しかった。

とすれば、もし感染症が突如として出現したらどうなるだろう。メッセージは輻輳し、交換手は取り乱してしまうだろう。こう予想した医師がボストンにいた。現に一八七九年秋、マサチューセッツは麻疹に襲われた。その医師は、加入者に一連の番号を振ったら、とベルの会社に提案した。会社はこの提案に最初は反対した。番号で呼ばれた顧客は気分を害するだろうと判断したためであった。だが、背に腹は代えられず、番号制度を導入した。顧客の反対はなかった。麻疹はやがて去ったが、番号制度はそのまま居座った。[3]

この電話番号制度は電話帳の普及を支えるものとなった。すでに述べたように、電話帳はやがて個人データ・ビジネスの道具となるが、電話番号はその鍵としての役割を与えられるようになる。

ところで電話番号は誰のものなのか。電話会社のものなのか、それとも電話加入者のものなのか。電話会社はずっと自分のものだと思いこんできた。現に加入者に電話帳を無料配付してきた。ユーザーが電話帳への非掲載を頼むためにはそのコストを電話会社に支払う。とすれば電話会社のものだ、という論理である。だが、この論理に納得しないものもいた。それでは銀行の口座番号はどうか、自動車のナンバー・プレートはどうか、と議論は迷路に入りこんだ。

話はやや遡る。一九七六年、ボルティモアの女性が強盗にあった後に、その強盗からわいせつ電話を受けるようになった。警察は電話会社に逆探知装置をとりつけ、犯人をつきとめた。彼は「自分の使った電話の番号はプライバシー情報であり、不合理な逮捕捜索を禁止する憲法修正四条違反だ」と申立てた。憲法修正四条については改めて示す（7章）。

この事件に対して、一九七九年、最高裁は「彼がダイヤルした番号はプライバシー保護の対象になるが、電話番号それ自体は電話会社のものであり加入者のものではない。したがって保護できない」という判断を示した。(4) この後、電話番号は公共財的な情報となった。新聞社や出版社は職業別電話帳の発行を見込みのあるビジネスとみるようになった。

だが、二〇世紀末、携帯電話の商用化とともに、電話番号の位置づけは変わってきた。ここに番号の可搬化という制度が導入されたためである。

電話帳の事業化

電話事業は公衆網型のサービスとして始められた。このときにまず必要となった道具は電話帳であった。一八七八年、最初の電話帳がニューヘヴン地区電話会社によって発行された[5]。題して『加入者リスト』とある。記載されているユーザーは五〇人、これが職業別になっていた。

電話会社にとっては電話帳の発行は本来業務ではなかった。だから、ここに加入者自身や事業者が参入することを黙認した。もともと、この時代の米国には移民の流入が多く、したがって市街案内、紳士録、買物カタログなどは出版分野の売れ筋であった。このなかに電話帳が加わったことになる。

ここにシカゴのルーベン・ドネリーという出版者が注目し、この事業に参入した。彼は電話の加入者リストに市街案内とビジネス案内とを組みこみ、その前半を人名別に、その後半を職業別として編集した。これが大あたりし、やがて全米に拡がることとなる。この頃、人名別の部分を白色の紙に、職業別の部分を黄色の紙にそれぞれ印刷する慣行が生まれた。このようにしてホワイト・ページとイエロー・ページが生まれた。だが、誰がこの方法を思いついたのか、諸説はあるが、よく分からない。

電話帳は職場や家庭に必需品として置かれ、つねに参照される身近の存在となった。しかも、電話の加入者は医者など購買力をもつ人びとであった。この点に注目して、ここに広告の可能性を発見したた一人にローレン・M・ベリーがいた。彼は電話帳に広告を組みいれた。このときに広告メディアとしての電話帳が誕生した。これは広告主から広告料をとり、加入者には無料で電話帳を提供し、あわせて電話会社にもなにがしかの割戻金を上納するビジネス・モデルとなった。いうまでもなく、電話帳の印刷代は広告費収入の一部によって賄われる。電話サービスという事業は後に行政機関の規制対象になるが、電話帳の発行は出版、つまり表現の自由にかかわるものとされ、非規制領域に残った。

二一世紀初頭、AT&T（ベルの会社）の電話帳サービスはさらに進化している。ここでは「氏名、住所→電話番号」という本来の検索のほかに、「電話番号→氏名、住所」という逆引きができるようになっている。

ドネリーにもどれば、この会社は一九一七年に全米にわたる職業別電話帳の広告代理業務に手を染め、全米の公共機関、図書館に一〇万部の電話帳を納入するまでになる。さらに一九二〇年には、ダイレクト・メール代行、メーリング・リスト販売にまで業務を拡げるようになる。これが二〇世紀後半には個人データ・ビジネスへと洗練されることになる。

日本ではどうであったか。一九九〇年代の初頭、私はある電話会社の検討会に呼ばれた。テーマは、電話帳の商品化が可能か、であった。その商品化には電子化が前提となっていた。当時すでに自分の電話番号の電話帳への掲載を拒む加入者が目立っていた。したがって、ここではプライバシー保護が大きい論点になるものと見込まれていた。だが思いがけないことに、最大の論点はパルプであった。パルプはカナダの日本に対する主要な輸出品であり、そのパルプを日本国内で大量に消費していたものの一つが電話帳であった。この環境のなかでは、電話帳の電子化つまり廃止が、日本をカナダとの貿易摩擦に導くことは必至であった。国際関係のなかではプライバシー保護は些事にすぎなかった。

迷惑電話

電話への悪態は電話の実用化とともにただちに発生した。マーク・トウェインは「もし、ベルが消音器とか、サルぐつわでも発明したのならば、ベルはまさに本当のサービスを提供したことになるのだが」（北原安定訳）と毒づいた。R・L・スティーヴンソンは「ベッドへも、食卓へも、仕事場へも、胸元へでも、入りこんできそうなこの奇怪なやつは、……わぁーわぁー泣き叫ぶ」（北原安定訳）と悲鳴をあげた。A・ビアスは「気にくわぬ奴を寄せつけないでおく便宜を放棄せざるをえない悪魔の発明品」（西川正身訳）と定義していた。(6) いずれも電話が受信者の平穏な生活を乱している、という訴えであった。今日いうところの「迷惑電話」は電話の実用化とともに始まっていたことになる。

この迷惑電話だが、それは一つには「発信者優先」、もう一つには「匿名性」という二つの特性によって引き起こされる。発信者は自分の好むときに、自分の好む相手に一方的に電話をかけることができる、これが発信者優先。また、自分が誰であるかを受け手に告げる必要はない、これが匿名性。したがって、発信者は受信者に対して圧倒的に強い立場をもつことができる。だから悪戯——あなたはクイズにあたりました！——ができる。詐欺——偽注文など——もできる。いやがらせ——無言、激しい息づかいなど——もできる。脅迫——誘拐身代金請求、爆発予告など——もできる。

だが、話はこれにとどまらない。二〇世紀後半になると発信者優位の発想を事業化した知恵者がでてきた。電話マーケティングの業者である。彼らは受け手の都合におかまいなしに、職場であれ家庭であれ電話を見境なしに掛けてくる。顧客データベースを参照しながら、コンピュータでつぎつぎに電話を掛ける自動システムまで開発された。ジャンク・コールという。声のほうも自動合成音を使う。このなかにはサブリミナルなメッセージ——声としては聞こえないが、受け手をある気分にさせてしまう——も入る。

受け手にとってみれば、これらはすべてプライバシー侵害だ。なんとかしてほしい。せめて相手が誰であるかを、受話器を手にするまえに確認できないか。だが、このような受け手の要望はずっと無視されてきた。

電話の発明から一世紀たって、米国では電話会社がこの要求にやっと応えるようになった。まず、迷惑電話と分かれば、そのまま警察に転送できるサービスが生まれた。つぎに、あるダイヤル・コードを回すと、そのときに電話している相手を二度目から拒絶できるサービスも現れた。

きわめつきは「コーラーID」である。(7)(8) これは電話機につけるペーパーバック大の装置であり、ここに液晶パネルがついている。電話がかかると、パネル上に相手の電話番号がでる。受け手はそれをみて電話を受けるかどうかを決めればよい。このサービスは一九八七年にニュージャージー・ベルによって試行的に開始された。翌年、それは商用化された。コーラーIDのサービスができたのは、電話ネットワークのなかにメッセージを送る線とはべつに回線制御用の線が設けられたためであった。電話会社はこの回線を使う自動番号識別装置を開発し、これによって顧客別に料金明細を計算していた。

この装置に注目したのは、アメリカン・エクスプレスやJ・C・ペニーなど電話マーケティング企業であった。電話会社は彼らにこの装置を販売した。これらの企業は「800番サービス」——日本のフリー・ダイヤルに相当——を使っていたが、このサービスは発信者の電話料金を受信者につけ替えなければならない。このために自動番号識別装置が活用された。これによって消費者は800番サービスを利用したつど自分の番号を相手企業に伝えられるように、いや、伝えられてしまうように、なった。これを当の企業は黙っていたが、適法とされて広く実施されていた。コーラーIDはこの電話マーケティング用装置を公衆用に拡張したものであった。よろこんだのは迷惑電話に悩まされてきた消費者だった。それだけではない。ピザパイ屋や花屋も偽注文を避けることができるようになった。

プライバシー対プライバシー

コーラーIDは発信者のプライバシーを侵害するのではないか、という反対論も現れてきた。税務署に相談する納税者、医師に診断を求めるHIV患者、ソーシャル・ワーカーに助けを求める家出人、新聞社に連絡する内部告発者などは、自分の身元の知られることを恐れるだろう。

賛否両論のなかで、各州の政府はそれぞれの結論を示した。(9) まず、ニュージャージー州は一九八八年にコーラーIDの本格的なサービスを許した。これにテネシーやヴァージニアが続いた。いっぽう、コーラーIDに慎重な州もあった。カリフォルニア州では、表示抑制機能つきでこれを認めた。ここにはメリーランドやフロリダなどが加わった。

表示抑止機能は二種類ある。ライン別抑止機能とコール別抑止機能である。前者は発信者がよしというボタンを押さないとコーラーIDが有効に働かないもの、また後者は発信者がだめというボタンを押さないとコーラーIDが働いてしまうものである。

コーラーIDの使用はいっさい認めない州もある。ペンシルヴァニア州がそうである。ここでは一九八九年、ペンシルヴァニア・ベルの申請したコーラーIDサービスを州の公益委員会に認可したことが発端になった。行政法審判官はユーザーの意を帯してこの認可に反対したが公益委員会は認可した。消費者団体や弁護士会などがこれを問題視して州の裁判所にコーラーIDサービスの禁止を求めた。一審は州公益委員会のペンシニバニア・ベルへのコーラーIDサービスの認可を覆した。一九九〇年に州の法廷は「コーラーIDは州の盗聴禁止法違反である」という判決をくだした。

訴訟はペンシルヴァニア州の最高裁へと移った[10]。ペンシルヴァニアの州法は連邦議会の制定した電子通信プライバシー法（後述、および7章）をモデルにしたものであった。ここには「いかなるものも、法廷の許可なしに、ペン・レジスターやトラップ&トレース装置を使用することはできない」と定めてあった。どちらの装置も相手先の電話番号は捕捉できるが、通話メッセージは記録できない装置である。コーラーIDはどう考えてもこの定義に入った。ただし電子通信プライバシー法には例外措置があり、ここには「事業者が電話の濫用や不法な利用からユーザーを保護する場合は除く」と示されていた。ベルは「このサービスはネットワーク内でおこなうものであり、このカテゴリーに入る」と主張した。だが、法廷は「コーラーIDは事業者のもつ交換機とユーザーのもつ電話機とにそれぞれ付属装置をつけて構築するシステムである。事業者のもつ交換機は法律の例外規定を充たすが、ユーザーがもつ電話機はそうではない」と応えた。

なお違憲論については、州の最高裁は「盗聴禁止法で問題解決を図ることができるので、わざわざ憲法論をもちだすまでもない」として退けた。ただし法律家のなかには「修正四条の示すものは政府に対する個人のプライバシーの保護であり、個人と個人とのあいだのプライバシー保護ではない」といってコーラーIDを正当化する解釈論もあった。

「規制のあるところにビジネス機会あり」ということで、コーラーＩＤに対抗する「９００番サービス」――情報料金徴集代行サービス――を提供する企業が現れた。発信者はその「９００番サービス」に電話する。ここで発信者の番号は９００番サービスの番号に変換されて相手に転送される。創業二年間で二〇万コールの注文があったという。「犯罪隠しになるだろう」という批判に対しては知らん顔である。

このような環境のなかで、連邦議会は一九九一年に電話消費者保護法を通した。この法律は「電話マーケティング業者によるメッセージの事前録音とメッセージの自動送信を禁止し、コーラーＩＤについてはライン別抑止が標準である」と規定した。

コーラーＩＤの効用はどうだったのか。ニュージャージーの経験を追跡すると、迷惑電話に対する警察への追跡依頼が四九パーセントも減少した。発信側へは抑止効果が働き、受信側でも自主的に対応できるようになったため、と解釈されている。またコーラーＩＤの申込者の半分はプライバシー保護に関心ある電話帳への不掲載者であった。消費者団体の反応は複雑である。疑問をもつもの、歓迎するもの、電話会社が収入増のために図ったものにすぎないと批判するものなど、いろいろな意見がある。当時ニューヨークにおいては、電話帳への不掲載料は月額一・九五ドル、コーラーＩＤのほうは頭金三〇ドルと月額六・五ドルのコストが必要であった。

各州のコーラーＩＤ規制法のモデルになったのは連邦の電子通信プライバシー法であったが、その連邦法には抜け道があった。「州法がある場合には、それを優先する」という規定があった。このために規制は州ごとにばらばらになり、州際の長距離電話についてはコーラーＩＤのサービスが実質的にできなかった。
一九九四年、連邦通信委員会は機は熟したとみたか、州際通信についてコール別コーラーIDを認める決定をした。ある弁護士はつぎのように語っている。「電話が発明されたときからコーラーIDがあったとして、いま電話会社がそれを廃止するといったらどんなことになるのか。想像してみたら」。

ここで一言。電話を含めて通信サービスにかかわる個人データとしては、まず加入者の送受するメッセージの中身がある。ここでは立ち聞きや盗聴が問題となる。この延長上に、加入者の通話行動の記録——誰が、誰に、いつ——がある。ここでは監視が論点となる。メッセージの中身と通話記録については、ただちに消去するのか、もし保管するのであればその期間は、という課題もある。(11)

さらに、加入者と交わした契約データがある。ここには氏名、住所、電話番号、クレジット・カード番号などが入る。そのさきに電話帳がある。こちらではその商業的な活用が提起すべき主題となる。立ち聞きや盗聴はいわゆるプライバシー概念にかかわり、通話記録や電話帳はいわゆる個人データの流通制御権（5章）にかかわる。電話をめぐるプライバシー論議は、これらの概念をまぜこぜにして、またべつべつのものとして、これまで扱われてきた。

電話からインターネットへ

一世紀以上にわたり通信市場を独占してきた電話サービスは、一九九〇年代後半、インターネットによってその座を奪われる。電話とインターネットとはどこが違うのか。電話は、ネットワーク全体にわたり、ユーザーの端末までも含めて一事業体が調達し、そのサービスをした。これは「あまねく等しく」という「ユニバーサル・サービス」の理念のもとに、全ユーザーに均等なサービスを提供するためであった（11章）。

いっぽう、インターネットは、電話のようなやっかいな交換機能などはもたない。ここではインターネット・サービス・プロバイダー（ISP）という通信事業者が伝送サービスに徹する。もっぱらデータを送るだけ、それが宛先に着こうが着くまいが、それに努力はするが、その保証はしない。これを「ベスト・エフォート」という（15章）。ついでにいえば、ISPは電話会社とは違う。単一かつ巨大な事業体ではない。このようなISPが数多く現れ、たがいにもたれ合いながらインターネットを運用している。つまり、インターネットに課せられた機能は、データの伝送上、必要最小限のものに限られる。誇張していえば、ISPはインターネット・プロトコル（IP）というプログラムだけを装備すればよい。

伝送以外のサービスを引き受けるのはユーザーの端末になる。つまり、やっかいな機能は端末に押しつけられている。これができるのは、ユーザーが高性能かつ低価格の端末としてコンピュータを利用できるようになったからである。このユーザーは、さらに事業者――たとえばグーグル――と消費者――あなたや私――とに分かれる。多くの場合、前者の端末は高性能のコンピュータ群であり、後者のそれはパソコンとなる。

ほとんどの事業者はウェブを設け、ここに宣伝、予約、オークション、決済など、高機能のアプリケーションを組みこむことができる。そうしたアプリケーションの一つとして、コーラーIDの拡張版を欲しがる人もあるだろう。それが「クッキー」というトークンである。

ここにいうトークンの意味だが、それはインターネット上のサービスに関する引換証、あるいは預り証といったものを指している(14章)。ここに事業者のシステムがあり、そこにユーザーのパソコンがアクセスを試みたとしよう。クッキーは前者が後者に渡すトークンであり、ここに記録されるあれこれのデータによって、前者は後者のデータを入手できる。[12] そのデータとは、たとえば本の販売サイトにアクセスして「法律」というカテゴリーに入る本を検索したとか、その購入のために氏名やメール・アドレスを入力したとか、そうしたものである。

さきへ進むまえに、なぜ「クッキー」か、について。一九七〇年代、不具合によって動かなくなったコンピュータのまえで、プログラマーの呟く言葉が「クッキーが欲しい」というものであったという。この台詞だが、他人のもっているクッキーを巻き上げるためにあれこれ工夫をこらすギャグが当時の人気TV番組『セサミ・ストリート』に頻出しており、これに由来するらしい。そのクッキーは、今日、ユーザーのプライバシーを巻き上げるための道具となった。「クッキーが欲しい」といわれたのは、多くの場合、PDP-10というミニ・コンピュータであった。当時のプログラマーは、コンピュータがわずか一万ドルになった、と歓迎したものである。

二〇〇二年、多数のインターネット・ユーザーがファーマトラックと、そのクライエントである製薬会社――ファイザー、メルクなど――とを訴えた。[13] これは集団訴訟となった。ファーマトラックは製薬業界向けの事業として、ユーザーのアクセス行動をモニタリングしていた。それは、ウェブへアクセスするユーザーのプロファイルつまり個人データのファイルを作り、それをクライエント別に比較できるようにするものであった。その結果には、ユーザーの地域別比、ユーザーのドメイン別比、アクセスの反復比などが示されていた。問題は、これらのデータを得るためにファーマトラックがクッキーを利用していることにあった。

ファーマトラックは個人データは収集していない、また、収集できない、と公言していた。だが、これを疑ったユーザーが自分のパソコンを点検し、ここにファーマトラックのクッキーのあることを確認したのであった。そのクッキーによって、誰が「糖尿病」のウェブ・ページにアクセスしたのか、これをファーマトラックは捕捉しているのではないか、という懸念がユーザーに生じた。訴状はつぎのように主張していた。

ファーマトラックは、インターネット・ユーザーの電子的な通信を秘かに傍受し、アクセスしていた。その通信は健康関連、医療関連のウェブにかかわるものであった。また秘かにユーザーのコンピュータのハード・ディスクにアクセスし、ユーザーのブラウジングの癖に関する個人的な情報を収集していた。しかもこれについてはユーザーの知るところではなかった。くわえてその許諾も同意もえていなかった。

この訴訟は電子通信プライバシー法の解釈をめぐっておこなわれた。法廷の判断は「一審（適法）→控訴審（違法）→再審（適法）」と揺れた。問題はこの法律にある「傍受」の定義にあった。その定義として、この法律は「意図的な」「電子的通信の」「内容に対する」「道具による」「傍受」という五つの条件を示していた。

米国には、訴訟前に事件にかかわる情報を当事者に開示させる手続がある。このときにもこの措置がとられ、ファーマトラックは一八七〇万のクッキーを蓄積していることが分かった。多少の重複はあるだろうが、まあ、この数のユーザーがアクセスしたことになる。原告側の専門家はこれを解析し、二三三人の個人について、その氏名、住所、電話番号、電子メール・アドレス、生年月日、性、保険、学歴、職業、医療歴、投薬歴などを特定することができた。

再審の法廷は、つぎのような判断を下した(14)。その一。問題となる個人データの数はきわめて少ない。二三三人は全数に対して〇・〇〇一二パーセントにすぎない。その二。この個人データの収集はプログラムの欠陥によって生じたことが分かった。しかもそのプログラムは下請けの業者の作成したものであった。その三。被告は、そうと指摘されるまで、この事実を知らなかった。これらのいずれからも、ファーマトラックの行為を「意図的」なものであったする意味を読み取ることはできない。

ということで、ファーマトラックは法には触れていないと公に認められたことになる。にもかからず、この企業は廃業を迫られた。すべてのクライアントがその契約を破棄したからであった。彼らには、プライバシー保護について評判を落したくないという思惑があった。

技術による迂回

ファーマトラックの場合、クッキーによる個人データの収集があったのはプログラムの欠陥によるものであったが、これは、その気になれば、クッキーによって個人データの捕捉が可能であることを示唆している。

クッキーをめぐっては、このほかにも、広告、児童ポルノ、著作権、犯罪捜査にかかわる訴訟がある。すでにクッキーはあまねく利用されているということになる。じつは、これらの訴訟におけるクッキーへの法的な判断は、現在なお、その当否を分けている。⑮ 法的な判断が固まらないうちに技術が先行し、新しい規範を作っている。

似たことはコーラーＩＤについてもいえる。こちらは、当初、法律は違法と決めつけていた。だが、すでに示したように、あれこれあったあげく、適法になってしまった。ここでも技術が法律に代わって新しい規範を設けてしまった。

近年、この現象を法学者も注目するようになった。たとえば憲法研究者のローレンス・レッシグがこれを「コードによる法律の代替」と呼んでいる。⑯ じつは著作権制度においても、このような法制度に対する技術の先行が一九九〇年代半ばから明らかになっている。それはデジタル権利管理と呼ばれる技術の出現である。この技術によって、著作物の送り手はインターネット上でそのユーザーの行為を監視できるようになった。その監視を著作権法の規定に縛られずに実行できる。著作物の定義を逸脱しても、たとえば単なるデータであっても、それを著作物とみなしてユーザーに課金することができる。それだけではない。くわえて、誰がサリンの論文をコピーしたのか、誰が革命歌のCDを購入したのか、これも追跡できる。いうまでもないが、いずれも通信の秘密に真っ向から対立する。私はこのような現象を「技術による制度の迂回」といって注意してきたつもりである。[17]

文献

（1）Sidney Aronson 'Bell's Electrical Toy : What's the Use ? The Sociology of Early Telephone Usage', : Ithiel de Sola Pool ed. "The Social Impact of the Telephone", MIT Press（1977）
（2）クロード・S・フィッシャー（吉見俊哉ほか訳）『電話するアメリカ：テレフォンネットワークの社会史』NTT出版、二〇〇〇（原著一九九二）
（3）ジョン・ブルックス（北原安定訳）『テレフォン：アメリカ電話電信会社、その100年』企画センター、一九七七（原著一九七五）
（4）442 U. S. 735（1979）
（5）田村紀雄『電話帳の社会史』NTT出版、二〇〇〇
（6）A・ビアス（西川正身訳）『悪魔の辞典』岩波書店、一九六四（原著一九一一）
（7）Steven P. Oates 'Caller ID' "University of Illinois Law Review", v. 111, p. 219-248（1992）
（8）名和小太郎「テレホン・ハラスメント」『科学朝日』52巻7号、八四―八五頁、一九九二
（9）堀部政男「迷惑電話をめぐる法的課題」『ジュリスト』九九七号、三一―三六頁、九九八号、七二―八一頁、一九九二

(10) 592 Pa. 523 (Sup. Ct. Pa. 1992)
(11) 松沢栄一「通信ログの保全：刑事訴訟法の改定」『法とコンピュータ』23号、五三―六二頁、二〇〇五
(12) 前川徹・中野潔『サイバージャーナリズム論』東京電機大学出版部、二〇〇三
(13) David M. Dudzinski 'Privacy: Users of Pharmaceutical Websites' "Journal of Law, Medicine & Ethics", v. 30, p. 466-469 (2002)
(14) 292 F. Supp. 2d 263 (2003)
(15) 1章 (11)
(16) ローレンス・レッシグ（山形浩生・柏木亮二訳）『CODE：インターネットの合法・違法・プライバシー』翔泳社、二〇〇一（原著一九九九）
(17) 名和小太郎『サイバースペースの著作権：知的財産は守れるのか』中央公論社、一九九六

6　越境データ流通

個人データ保護については、経済協力開発機構が一九八〇年に示した八原則が今日でもつねに参照されている。この八原則は、じつは本来のプライバシー保護とはべつの脈絡で集約されたものである。それはコンピュータ・ネットワークの国際化によって顕在化した各国の経済政策とかかわっていた。

伝書鳩に始まる

電気通信はまず電信として一九世紀前半に出現した。どこの国の政府も電信のネットワークを鉄道のネットワークなみのインフラストラクチャーとみなし、そのように扱った。運用の形をみると、当初は国内通信のみであった。所有の形をみると、米国でははじめは国営、ただちに民営、英国では民営、その後に国営、残りの欧州諸国では国営であった。

いま、国内通信のみと指摘したが、当時の電信ネットワークは国境で切れていた[1]。どの国の政府も、外国から謀略的な通信の侵入すること、自国から秘匿情報の流出することを恐れていたためである。

ただし、ビジネスはすでに国境を越えて展開していた。だからニュースや相場に関するメッセージを国境を越えて伝達することが求められた。ここに事業機会を見つけた若者たちが、国境に残る電信の空白区間を鉄道や伝書鳩によって接続するというビジネスを開発した。[2]その若者のなかにはシャルル＝ルイ・アヴァス、P・J・ロイター、B・ウォルフがいた。後に彼らはそれぞれ通信社を設立し、ニュース報道に関する世界市場を結託して制覇するまでに成長した。

ということで、経済的な合理性を求めるビジネス側の要求が政治的な配慮を上回るようになった。国境の空白区間を接続せよという要求が高まり、これを実現するための国際条約が不可欠になった。まず、ドイツ圏の四カ国が一八五〇年にプロシャ・オーストリア電信連合を結成した。ここで決められたことは、直通の国際回線の設置、電信機の方式の標準化、料金の算定法、収入の分配法などであった。

この電信連合が刺激になり、一八六五年、フランスのナポレオン三世がリーダーシップをとり、万国電信連合を設けた。現在でも国際通信の世界で「金フラン」という貨幣単位で通信料金の決済をしている――じつはSDRでもよいことになっているが――が、これは当時のフランスの覇権が残っているためである。

いま述べたように、当初、電信ネットワークは国別に建設された。だからその技術標準――方式、符号など――も国別に異なっていた。一致していたものが一つあったが、それは「テレグラフ」という呼び名だけであった。だが、後の電気通信は技術についても制度についても標準化へと定向進化を続ける。

万国電信連合は二〇世紀になると国際電気通信連合（ITU）へと発展した。二〇世紀半ばには、ITUは電気通信分野における国際的な標準化団体として、同時に国際的なカルテルとして機能するようになった。この結果、誰でも、誰にでも、メッセージを伝送することが全地球的に可能になった。そのITUはみずからの任務を、当初は「ITU条約」に、現在では「ITU憲章」に示している。この文書は「公衆の権利」を、

連合員は、公衆に対し、国際公衆通信業務によって通信する権利を承認する（三三条）。

と定めている。この規定は、すべての利用者にいかなる優先権も特恵も与えることはない、という意味を含んでいる。なお、ここにいう「連合員」とは各国の通信主管庁と代表的な電話会社を指している。多くの国ではつい先頃まで電話会社を公有としていた。

同時に、この憲章は全ユーザーに対してプライバシーを保護しており、それを「通信の秘密」としてつぎのように規定している。

連合員は、国際通信の秘密を確保するため、使用される電気通信のシステムに適合するすべての可能な措置をとることを約束する（三七条）。

データ保護へ

一九七〇年代、国際的なコンピュータ・ネットワークが稼働を開始し、このネットワークを通じて多様なコンピュータ・データが国境を越えて送受されるようになった。これを「越境データ流通」と呼ぶ。[(3)(4)]もし、この多様なデータのなかに個人データが含まれていると、それは自国の主権の及ばない他国に流出することとなり、あるべき保護を受けないリスクをもつことになった。これを避けるためには、関係国がプライバシー保護について同一の尺度をもたなければならない。このために越境データ流通について国際条約の制定が求められるようになった。

越境データ流通問題が出現したのは一九六〇年代末に遡る。それは環境問題、大学反乱、テロリズムの生じた時代でもあった。六八年、国連は世界人権宣言の二〇周年記念事業としてテヘランで「人権に関する国際会議」を開催した。ここでは決議二四五〇が採択されたが、この決議は、人権に影響を及ぼす電子技術について、その利用制限を求めるものであった。これが越境データ流通問題の発端となった。

第三世界の国ぐにには、この決議が自分たちの国の経済発展を妨げるのではないかとの懸念をもった。彼らは、現代技術に対して制限よりもアクセスを望んだのであった。東側の社会主義国もこの決議に冷淡であった。コンピュータ技術の利用制限は一九世紀初頭のラダイト主義の復活であり、コンピュータ利用によってどんな摩擦も社会のなかに生じることはない、「人間には人間の仕事を、機械には機械の仕事を」が社会主義の理念である、と主張したのであった。

したがって、この決議に関するさらなる議論はべつのフォーラムに移された。そのフォーラムとして欧州評議会（COE）と経済協力開発機構（OECD）とが手をあげた。[(5)]まずCOEであるが、これは欧州の主要国がたがいに緊密化を図るために作った組織――EU（欧州連合）とは別物――であり、このために社会的、政治的の分野において多くの条約を制定している。その一つとして欧州人権条約があり、これはプライバシーをつぎのように定めていた。

何人も、その私的な家庭の生活、住居及び通信の尊重を受ける権利を有する（八条一）。

ここにはプライバシーは「自分自身であることを認める権利」すなわち「他人と異なることを認める権利」であるとする欧州諸国の理解が浮きでている。ついでにいうと、世界人権宣言のほうは「私生活、通信、名誉の保護」のなかに、上記に加えて「名誉」と「信用」の保護をつけ加えていた。

ＣＯＥは一九六八年に委員会を設けて議論を始めた。当初の論点は「現代の科学技術的装置による人権侵害」とざっくりとした言い方であったが、一九七〇年にはそれを「個人情報の処理にかかわるコンピュータ利用」という表現にしぼった。盗聴装置や監視カメラの濫用などにからむコンピュータ利用に基本的な疑義がある、と認識したためであった。

委員会は前記の条約はコンピュータ問題に不十分な解を与えるのみであると結論づけた。第一に、条約は公と私とのあいだの関係を扱っているが、コンピュータ問題は私と私と――たとえば個人と保険会社と――のあいだにかかわる。第二に、条約は私的生活の保護と情報の自由流通とについて言及してはいるが、双方のバランスについては何も示していない。第三に条約はプライバシーの権利――たとえば私事の拘束からの自由――については確かに保護しているが、コンピュータ濫用による侵害

——たとえば医療記録の目的外使用——の及ぶ範囲はさらに広い。

この結論を受けて、COEは加盟諸国に対して、データ保護に関する国内法を設けよ、という決議をおこなった。一九七三年であった。この決議には「個人のプライバシー対電子的データ・バンク」という言葉が使われている。このときに「プライバシー」という用語には「対電子データ・バンク」という新しい意味がつけ加えられたことになる。一九七〇年代にポルトガルとスペインとは新しい憲法を制定し、ここに基本権として「データ保護」を組みこんだ。

一九八一年、COEは「個人データの自動処理に関する個人の保護のための条約」を採択した。特記すべきは、ここに「人種、政治的意見、宗教、信条、健康、性生活、刑事有罪判決に関する個人データは自動処理することができない」と定めたことである。COE条約の理念はこの後も消えることなく続き、二〇世紀末には欧州連合の指令へと洗練され、加盟各国の国内法に影響をもつようになる。

OECDのガイドライン

つぎに走り出したのはOECDであった。[6] これはいわば西側先進国のクラブであり、欧州とは文化の異なる米国や日本も加盟していたためか、その議論をCOEよりは膨らますことになった。

OECDは、一九六九年にこの課題に関心をもち、七一年には『デジタル情報とプライバシー問題』という報告を出版し、七四年には「データ保護とプライバシーの政策課題」というセミナーを開催し、七八年には「越境データ流通とプライバシー保護」を扱う専門家委員会を設置するまでになった。この委員会の任務は、第一にこの課題についてガイドラインを制定すること、第二に非個人データの越境データ流通が個人データのそれに及ぼす制度的、経済的な課題について分析することであった。いうまでもないが非個人データに対しては情報の自由流通を保障しなければならない。

このような経緯のあとで、OECDは「プライバシー保護と個人データの国際流通についてのガイドライン」(以下、プライバシー保護ガイドライン)を一九八〇年に発表した。

プライバシー保護ガイドラインの検討過程において、伝統的なプライバシー概念ではことが解決しないことが明らかになった。まず個人情報であるが、これを保護しようとしても、情報であるから所有権ではそれができない。ということで新しい概念が工夫された。それが「データ主体」である。(7)

米国法には「人身保護令状」というものがあり、この令状によってなんらかの拘束を受けている人を解放することができる。データ主体についても「データ保護令状」といったものを工夫し、コンピュータからなんらかの拘束を受けている個人データをそこから解放できないか。OECDはこの発想を採用した。

この「データ保護令状」のもつべき機能を列挙したものがプライバシー保護ガイドラインに記載された八原則になる。(8)それをつぎに示す。

1 収集制限の原則→適法かつ公正な手段によって。データ主体への通知、本人の同意によって。
2 データ内容の原則→正確、完全、最新のものとして。
3 目的明確化の原則→収集時に明確にして。

4　利用制限の原則→目的外の利用禁止。
5　安全保護の原則→紛失、不当なアクセス・破壊・使用・修正・開示などに対する保護。
6　公開の原則→個人データの存在、性質、利用目的、管理者などの公開。
7　個人参加の原則→データ主体による自己データの確認、それへの異議申立、その消去、修正、完全化、補正の請求。
8　責任の原則→データ責任者の前記原則に対する責任。

この本は逐条解説ではないので説明は簡略化した。くわしくはプライバシー保護ガイドラインの本文あるいは解説――どちらもインターネットでアクセスできる――を参照してほしい。

プライバシー保護ガイドラインの制定作業において、いくつかの論点が明らかになった。第一の論点。「個人データ」とは何か、ここには「パーソナル・データ」つまり自然人と法人のデータを含むのか。米国は、法人データは人権とは関係しないではないか、かりに侵害が生じたとしても競争法で処理できるはず、と主張した。だが欧州側は、すでにデンマーク、ノルウェー、ルクセンブルクがそのデータ保護法によって法人のデータまでも保護していた。

第二の論点。その保護を「個人データ」にしぼったとして、それはコンピュータ・データにかぎるのか、ここに紙メディアのデータ、つまり手作業のデータも含むのか。すべてにわたる、というのが一応の回答ではあったが、じつは手作業のデータにはすでに保護されているものがあった。たとえば医療データ、あるいはセンサス・データがそれであった。

第三の論点。既存の保護制度に対して、新設の保護制度を調和した形で制定できるのか。プライバシー保護を領域別に設けている米国においては工夫のしようはあったが、これを全領域にわたる普遍的な制度として考えたい欧州においては、これはやっかいなことであった。くわしくは次項。

つけ加えると、コンピュータ・データにしても、当初は「データ・バンクの保護」などと、技術的な仕掛けにとらわれた言い方をしていたが、最終的には「自動処理の個人データ」というようにデータの操作に焦点をあてた表現になった。

いま、医療データは手作業の環境においても保護されていた、といった。これは医療データを扱う医師の専門家責任と結びつけられており、それは医師に対する倫理規定に組みこまれていた。とすれば、個人データを扱うコンピュータ技術者についても専門家としての責任を問うことができるのか。これも問題になった。だが、どうだろう。当時も、いや現代にいたるまで、コンピュータ技術者に専門家責任を求めた法律も判例もない。

米国対欧州

OECDの論議のなかで目立ったのは、米国と欧州諸国とにおける考え方の違いであった。もう一度、プライバシー保護ガイドラインの正式なタイトルをみよう。そのタイトルには「プライバシー保護」と「個人データの国際流通」という言葉があった。前者には人権を尊重したい欧州の思い入れが、また後者にはビジネスを優先させたい米国の思惑が透けてみえる。データ保護といわないでプライバシー保護といった点に保護範囲をできるだけ拡げたいとする欧州の狙いが、またパーソナル・データといわないで個人データといった点に情報流通をできるだけ自由にしたい米国の意図が、それぞれ示されている。つまりこのタイトルは双方の捩じれた関係を示している。

米国と欧州諸国とは、プライバシー保護ガイドラインの検討過程において、またその導入にあたって、異なる反応を示した。第一に尊重すべきものはビジネスか人権か、第二に保護の方法は自主規制か法律による規制か、第三に保護の対象を問題別に設けるのか全分野に及ぼすのか——ここで意見が分かれた⑨。

第一の論点についてはいま述べた。つけ加えれば、越境データのうち二パーセントのみが個人データであるという意見もあった。その二パーセントを保護することによって、残りの九八パーセントを不自由な状態においてよいのか、ということであった。

第二の論点についてはどうか。自主規制であれば、保護を機動的に実施できるが、その信頼性の維持については足を掬われることが少なくないだろう。いっぽう、法律による規制であれば、保護の強制力は保たれるが、その保護の尺度がどちらかといえば汎用的になり、具体的な場面での使い勝手がままならないだろう。

米国は、新しい法的な枠組みを設けることについては慎重であった。どんな枠組みであっても、それがビジネスの活動を縛ることは目にみえていたからである。もし、プライバシー保護の不十分なシステムがあったとすれば、それはユーザーの信用を失い、市場競争のなかで淘汰されるはずである。

だから政府による介入は不要、それはできるだけ避けたい——これがその本音であった。

すでに一九七四年、IBMは自主的なプライバシー原則を設け、これを公表していた。この原則には、情報の目的外利用の禁止、個人の自己情報に対する閲覧権と請求権の保証、データの正確性の確保などが含まれていた。一九八一年、米国商務省は一〇九社の米国企業からプライバシー保護ガイドラインを是認するという誓約を取りつけている。米国政府は自主規制の方式を引き続いて支持したことになる。

いっぽう欧州諸国は法律による規制をよしとした。この立場を鮮明に主張したのはスウェーデンであった。当時、この国では中都市マルメの防災システムをめぐって論争が生じていた。そのシステムが米国クリーヴランドにあるジェネラル・エレクトリックのコンピュータにより制御されていたのである。セキュリティにかかわる業務を国外のシステムに任せてよいのか、これが論点であった。そのスウェーデンは一九七三年に世界で最初にデータ保護法を設けていた。この国はデータ保護について敏感であった。

ここにOECDの越境データ流通論議が重なったことになる。スウェーデン国防省はさっそく「コンピュータ社会の脆弱性」という報告をまとめた[10]。その目次にはつぎのような項目が並んでいた。犯罪、政治的濫用、戦争、災害と事故、秘匿記録、機微なシステム、集中化、統合化と相互依存、データの大量蓄積、不完全な教育、ハードウェアとソフトウェアの欠陥——これである。とうぜんながら、ここには越境データ流通もデータ保護も含まれていた。当時はまだ大型コンピュータのスタンドアロンによる利用が主流であり、しかもユーザーは政府機関と大企業に限られていた。

スウェーデンのOECDにおける主張にもどれば、その意見はデータ保護のための国内法を整備せよ、その国内法を国際的に標準化すべきである、というものであり、後にプライバシー保護ガイドラインの八原則となる、その原型が埋めこまれていた。

第三の論点についてはどうか。米国では、すでに示したように、問題の生じるたびにアドホックに法律を作ってきた（1章）。いっぽう欧州諸国では、体系的な発想で法律の制定を求めた。だから、コンピュータ・データも手作業のデータも、個人データも法人データも、政府における保護も民間における保護も、といったように漏らすことのない形で法律を作りたがった。ここが違う。

この違いの由来であるが、コモン・ローの米国と制定法の欧州諸国という法律の土壌にあるとみることができる。何かといえば、裁判が先にあり法律がこれに続くのがコモン・ロー、法律がまず設けられ裁判がこれにしたがうのが制定法、ということになる。つまり、コモン・ローは問題別、制定法はシステム的、といってよい。このためか英国とアイルランドとはただちにはプライバシー保護ガイドラインを受けいれなかった。この二つの国はコモン・ローの発祥地であった。

保護、すなわち障壁

もう一度、プライバシー保護ガイドラインにもどる。そのタイトルは二つの主題に分かれており、それは「プライバシー保護」と「個人データの国際流通」であった。じつは本文も同様の構造をもっており、プライバシー保護にかかわる事項を国内適用の基本原則として、個人データの国際流通にかかわる事項を国際適用の基本原則として、それぞれに示している。前者はすでに引用した八原則である。

しからば後者は。プライバシー保護ガイドラインはこれを「自由な流通と合法的制限」として掲げている。まず「自由な流通」であるが、これは個人データの国際流通を阻むな、その安全を確保せよ、という原則である。つぎに「合法的制限」であるが、これは低い保護水準をもつ国への流通を阻止できる、という原則を指している。ただし、自国の保護水準を過度に高くすることも抑制すべしと注記している。

ということで、「個人データの国際流通」については、その及ぼす影響はじつは法的な分野をはるかに越えていた。これは当時、越境データ流通を討議した国際的フォーラムを列挙してみれば分かる。すでに述べたが、まずOECDとCOEがあった。前者は経済成長、途上国援助、自由貿易について、また後者は軍事以外の全分野についてのフォーラムである。このほかには情報処理に関する政府間会議（IBI）や国際商業会議所（ICC）などがあった。さらに八〇年代に入ると、ここに国際電気通信連合（ITU）と関税および貿易に関する一般協定（GATT）が参入してくる。それぞれの名称をみれば、当の機関の機能を理解できるはずである。つまり、越境データ流通はこのような拡がりをもつ主題であった。

なぜ、このような拡がりをもったのか。それはプライバシー保護が通信ネットワーク上の自由なデータ流通に大きく影響すると理解されたためである。くわえてこのデータの自由流通が、関係国の産業や文化や国の主権にもなにがしかの作用を及ぼすだろうと予想されたこともある。

くり返せば、七〇年代になると国際的なコンピュータ・ネットワークの稼働が始まった[11][12]。すでに特定アプリケーションの専用ネットワークとしてスウィフト（ＳＷＩＦＴ）――銀行間の国際ネットワーク――とシータ（ＳＩＴＡ）――航空会社の国際ネットワーク――があったが、ここに汎用型のアプリケーションをサービスする企業が割りこんできた。それはＧＴＥテレネット、タイムシェア、ＧＥＩＳＣＯ――ジェネラル・エレクトリックの子会社――やＣＤＣ――コンピュータ・メーカー――などであった。これらの企業はいずれも米国籍をもち、三〇ないし六〇ヵ国で事業を展開した。アプリケーションであるが、それは付加価値通信サービス（後述）、オンライン・データ処理、データベース検索などのサービスにわたった。

利用国の立場からすれば、この型のサービスは二つの点でリスクをともなった。第一に自国のビジネスが情報処理用の資源を米国に依存し、第二に自国内における情報産業の市場と雇用とを米国に奪われてしまう。いずれも国の安全保障上、見過ごすことができないリスクとなる。これが欧州諸国、そして日本の懸念であった。

いっぽう、米国の企業は全地球をサービス範囲とすることで、規模の経済を目いっぱい確保することができた。なぜならば「日本→欧州→米国→……」と、太陽を追いかけつつ、つまり時差を巧みに利用しながら、そのシステムを連続して運転できるからであった。当時は大型汎用コンピュータを昼夜をおかずに連続運転することをよしとする時代であった。私自身、ＧＥＩＳＣＯやＣＤＣのセンターを訪問し、その規模の大きさに驚いた記憶をもっている。

米国の立場は一貫していた。それは貿易の自由化であった[13]。欧州諸国も日本も、これに面と向かって反対することはできなかった。そこで反対のために多様な口実を工夫した。プライバシー保護もじつはこのような名目の一つであった。カナダは自国民の金融データの海外における処理を禁じた。米国は外国政府によるこれらの差別的な政策を一括りに「非関税障壁」として批判した。当時の大統領補佐官のズビグネフ・ブレジンスキーは「プライバシー保護は外国企業を情報市場から締めだすトロイの馬である」とこぼした。

国際的なフォーラムにもどれば、IBIは中立的な態度をとった。彼らは先進諸国による情報支配からの自由を訴えたが、同時に情報技術のあまねく公平な利用を求めた。いっぽうICCは、つねに法人データの保護に反対していた。つまり米国を支え続けた。

競合する価値

八〇年代に入ると風向きが変わる。米国の圧力が多くのフォーラムで効を奏するようになる。まず、OECD。事務局は「情報の自由流通と競合する価値」という討議資料を作成した。この文書は、競合する価値として、国家安全保障、プライバシー保護、消費者保護、公序良俗、知的所有権の保護、秘匿情報の保護、雇用の維持と創出、幼稚産業の保護、文化的統合の保護を示していた。

これらの項目について討議したあとで、OECDは一九八五年に「越境データ流通宣言」を採択した。[14] ここには越境データ流通に対する障壁の回避、越境データ流通に関する政策の透明性確保などが掲げられていた。「プライバシー」という言葉は前文に残るのみで、本文では抹殺された。このあと、GATTとITUが越境データ流通の関係者として登場する。

一九八六年、ＧＡＴＴはサービス貿易の自由化について検討を開始した[15]。そのサービス貿易には電気通信サービスも含まれていた。電気通信サービスには、基本サービスと付加価値サービスとがある。前者はメッセージの伝送と交換のサービスであり、後者はこれにあれこれの情報処理――たとえば文字コードの変換――をつけ加えるサービスである。自由化は付加価値サービスから始まった。

肝心のＩＴＵは、自分たちの組織には自由化に関する規定はない、といって冷淡な姿勢を示した。ここに米国政府がつけこみ、ＩＴＵをバイパスして二国間交渉で付加価値サービスの自由化を実現した。結果としてＩＴＵは発言の機会を失ったことになる。

一九九八年、ＩＴＵは世界貿易機関（ＷＴＯ、ＧＡＴＴの後身）との合意をまとめた。そこには「外国の事業者に対しては基本サービスへのアクセスと利用とを合理的かつ無差別な条件で確保する」とあった。とはいいながらも、この合意には

メッセージの秘匿性を確保するために上記の原則を制限することができる。

という規則がつけ加えられていた。いっぽうＷＴＯのサービス貿易協定は、一九九七年に、

個人の情報を処理し及び公表することに関連する私生活の保護又は個人の記録及び勘定の秘密の保護

という「一般的例外」を設けていた。ＩＴＵもＷＴＯもきわどい形ではあったが、プライバシー保護

の筋を通したことになる。だが、このときにはすでにＩＴＵもＷＴＯも通信ネットワークに対する支配力を失いかけていた。米国由来のインターネットが実用になったためである。インターネットは既存の秩序を無効にしてしまう特性をそのなかに埋めこんでいた（5章、15章）。

だが、欧州諸国はプライバシー保護の原則を忘れることはなかった。一九九五年、欧州連合は「個人データ処理に係わる個人データおよび当該データの自由な移転に関する指令」を採択した。この指令は越境データ流通について、より厳しい制約をかけるものであり、その制約をデータ保護法のなかに組みこむことを加盟国に求めるものであった。この後、欧州諸国と米国との対立はきわだつことになる（12章）。

エシュロン

エシュロンというシステムがある。米国と英国とが全地球的な一望監視を狙い、一九四八年の秘密協定に基づいて建設したものである。後にカナダ、オーストラリア、ニュージーランドもこれに参加している。[16] ただし、その全体像は明らかではない。なぜ「エシュロン」と呼ぶのか、また、英語圏のシステムであるのになぜフランス流に発音するのか、どちらにも諸説はあるが、いずれも憶測にすぎない。

このシステムが話題になったのは、欧州議会が二〇〇〇年にその調査結果（以下『エシュロン報告』）を公表したためである。[17] この報告によれば、エシュロンの運用主体は米国の国家安全保障局（ＮＳＡ）である。そのエシュロンは、地上のケーブルはもちろん、海底ケーブル、宇宙通信など、あらゆる通信メッセージ――電話、電子メール、ファックスなど――を捕捉し、このなかから特定のメッセージ――たとえば「爆弾」という単語を含む――を選別し、それを分析、解釈し、その「顧客」――法執行機関など――に配布する、しかもこれを全自動で実行している、という。

にもかかわらず、エシュロンは九月一一日事件を防ぐことはできなかった。いや、システムは警告となるメッセージを検出したのだが、政治家がこれを放置したのだ、という説もある。

なぜ、欧州議会がエシュロンを問題にしたのか。それは盗聴相手にEUの企業を――じつは日本の企業も――含んでいたことにあった。これはEU諸国に不快感を与えるものであった。ほんらい、エシュロンはテロリストの捕捉など、国家安全保障のために設けられたシステムであった。それが民間部門の諜報活動に転用されていたことになる。

エシュロンは、冷戦に対応して東側諸国の通信を傍受するために建設されたものであり、冷戦の終了とともに、テロリスト対抗のシステムへと編成替えをさせられた、という。このときにテロリスト側はそれなりの対抗措置をとったが、欧州や日本の企業はそうしなかったために、結果としてエシュロンの標的になってしまったらしい。『エシュロン報告』によると、捕捉された企業は、物騒な言葉を駆使する企業、つまり航空機や衛星などの両用技術にかかわる企業であるという。テロリストであれば、そのメッセージ中の「爆弾」という言葉には暗号を掛けたであろうが、企業はそこまでしなかった、ということかもしれない。

『エシュロン報告』は捻りの利いた論点を二つ示している。論点一。通信傍受活動は、それ自体が、多数の熟練労働者を雇い、高度な業務までも自動化し、これを収益ある事業へと編成している。論点二。通信傍受活動にとって、技術はかつてはNSAの友であったが、いまは敵となった。なぜならば、ムーアの法則（15章）によって、技術がNSAの手からビジネスの手に移ったためである。

つまり、ここには監視活動の産業化があり、その拡散がある、と指摘している。ただし一〇年前であれば、かならず触れていたはずの主題が消えている。「越境データ流通」という主題が。そしてプライバシー保護という主題が。

文献

（1）国際電気通信連合（訳者不詳）『腕木通信から宇宙通信まで』国際電信電話、一九六八（原著一九六五）
（2）小糸忠吾『世界の新聞・通信社（1）』理想出版社、一九八〇
（3）名和小太郎「越境データ流通について」『システム工学会誌』6巻2号、一―五頁、一九八二
（4）オスワルド・H・ギャンリー、グラディス・D・ギャンリー（廣松毅訳）『国際メディア争奪戦』日本経済新聞社、一九八四（原著一九八二）
（5）Frits W. Hondius 'Data Law in Europe' "Stanford Journal of International Law" v. 16, Summer 1980, p. 87-112 (1980)
（6）Justice M. D. Kirby 'Transborder Data Flows and "Basic Rules" of Data Privacy' "Stanford Journal of International Law" v. 16, Summer 1980, p. 27-66 (1980)

（7）上記（5）

（8）芋坂和邦「プライバシー保護法制定に関する最近の諸外国の動向」『ジュリスト』七六〇号、一四―二三頁、一九八二

（9）William J. Drake 'Territoriality and Intangibility : Transborder Data Flows and National Sovereignty' : Kaarle Nordenstreng & Herbert I. Schiller eds. "Beyond National Sovereignty : International Communication in the 1990s" Ablex Publishing (1993)

（10）川端亮二「コンピュータの弱点」『地方自治コンピュータ』10巻12号、二八―三四頁、11巻1号、五八―六六頁、11巻2号、六四―六九頁、一九八〇―八一

（11）Harry Katzen Jr. "Multinational Computer Systems : An Introduction to Transborder Data Flow and Data Regulation" Van Nostrand Reinhold (1980)

（12）Richard H. Veith "Multinational Computer Nets" Lexington (1981)

（13）Robert R. Belair 'Information Privacy' : Hellen A. Shaw ed. "Issues in Information Policy" p. 37-52, NTIA (1981)

（14）内海善雄「ＯＥＣＤの「データ（ＴＤＦ）宣言」」：旭リサーチセンター編『ＴＤＦウォーズ』出版開発社、二二一―二二九頁、一九八五

（15）石黒一憲「電気通信の標準化をめぐる摩擦と協調：通商摩擦の視点を含めて」：林敏彦編『電気通信』ＮＴＴ出版、二六六―二九八頁、一九九四

（16）Kevin J. Lawner 'Post-Sept. 11th International Surveillance Activity-A Failure of Intelligence : The Echellon Interception System and the Fundamental Right to Privacy in Europe' "Pace International Law Review" v. 14, p. 435-480 (2002)

(17) 欧州議会(佐藤雅彦訳)「西暦二千年における通信傍受能力」『サイバーX』12号、九八―一一九頁、二〇〇〇(原著二〇〇〇)

II　監視に対して

プライバシー保護に真っ向から対立するものに、法執行機関による個人データの収集、つまり捜査がある。当初、それは捜査官が眼や耳を使っておこなうものであった。だがこの領域に、盗聴機が、航空写真が、監視テレビが、そしてコンピュータが、RFIDタグが、さらにはDNA指紋法がというように、新しい技術がつぎつぎと投入されるようになった。

もう一つ。個人データの収集については、その担いが拡がり、かつ、ぼやけてきた。いっぽうでは国家安全保障からの要求によって、もういっぽうでは社会政策からの要請によって。個人データは特定個人——容疑者——のみからでなく全国民から悉皆に、しかも半強制的に、収集されるようになった。

プライバシー概念も反射的に変わらざるをえない。

7　盗聴、空中撮影、そして赤外線探知

家の壁が個人のプライバシーを保護していた時代があった。だが、技術の進歩とともにその壁がしだいに透明になってきた。まず、電話が生れた。これによって盗聴という壁を隔てた行為が可能となった。このあと無線機、航空写真、赤外線探知装置と、壁を貫通しプライバシーを暴露する技術がつぎつぎと開発された。これに対するプライバシーの保護制度はアド・ホックに、そして試行錯誤的に組み立てられた。

家庭への侵入

ホールは、そのプロクセミックスによって、私的空間の範囲がどのようにして決まるのか、これを人類学、社会学の尺度によって測った（1章）。それはもう一つのプライバシーを定義することでもあった。そのホールだが、彼は電話に関しても示唆にとんだ発言をしている。「家庭の中のもっとも私的な空間に、もっとも公共的な装置である電話が闖入し始めた」と。

この言い方でホールは、電話システムの端末——つまり電話機——が公共領域と私的領域のインタ

フェースになる、という視点を示した。家庭はプライバシーの充満した空間であるが、ここに公的領域にある電話ネットワークを通じて誰かが侵入してくる、と。このホールの理解をもう少しつめて考えてみたい。

電話とプライバシーとの接点といえば、ここに「通信の秘密」という概念のあることは、今日、自明のこととなっている。だが最初からこの概念が存在したわけではない。とはいうものの、電話以前の時代にも通信の秘密に相当する概念はあったはずである。それは何か。米国においては「憲法修正四条」がそれであった。その修正四条はつぎのような形になっている。

不合理な逮捕捜査、もしくは押収に対し、身体、住居、書類および所有物の安全を保障される人民の権利は、これを侵害してはならない。……

ここには公的領域にある典型例としての政府が家庭にどこまで侵入できるのか、この原則が犯罪捜査という極端な場合について示されている。この原則が通信の秘密の原型となった。この由来から推測できるだろうが、通信の秘密は法執行機関による盗聴をめぐってその概念を洗練させてきた。これをたどることにしよう。(1)(2)（なお、米国憲法には現在にいたるも通信の秘密に関する条項はない。）

修正四条にもどれば、この条文には二つのキーワードがある。その第一は「身体、住居、書類および所有物の安全を保障される人民の権利」であり、その第二は「不合理な捜索」である。(3)さらにつめれば、前者の中心概念は「身体、住居、書類および所有物の安全」という文言にあり、後者のそれは「不合理」つまり「合理」という言葉の解釈にある。このように分解してみると、前者はどこまでが私的領域なのかという限界、つまりプライバシーの定義に関し、後者はこれさえ避ければよいという縛り、つまり法執行機関に許されるプライバシーへの侵入条件にかかわることが分かる。以下、第一の理解を「所有物原則」、第二のそれを「合理原則」と呼ぼう。

まず所有物原則

そこで盗聴だが、その被害者は相手の行為が悪質であると認識すれば、その相手に対して訴訟を起こすだろう。一般に訴訟の形は「X対Y」の形をとるが、こと電話の盗聴については、これが「だれそれ対連邦政府」という形をとる場合が多い。その訴状には、私は法執行機関によって盗聴されたが、それはないだろう、盗聴は修正四条を侵す、との抗議が記されているはずである。ついでにいうと訴訟には「人民対だれそれ」という形も多い。この「人民」は検察を指す。

盗聴は電話の実用とともに生じていた（5章）。ただしこれが訴訟となり連邦最高裁にまで上げられたのは一九二八年、「オルムステッド対連邦政府」の訴訟においてであった。[4] ロイ・オルムステッドという男が禁酒法を破り、その事実を電話の盗聴によって警察に捕捉されたのであった。

この盗聴について最高裁はそれを不合理な捜査にはあたらず、「修正四条は、全社会につながっている電話線を含むというように、延長も拡張もできない」と示した。なぜならば事実として、盗聴用の線は被告の家庭の外でつながれており、したがって「いかなる現実的な物理的な侵害もない」し、しかも「証拠は聴取という感覚」であり、それは「有形的、物質的な所有物」ではなかったから、という。ここでは所有物原則がとられたことになる。この原則を「侵入原則」と呼ぶ研究者もいる。

じつはこの判決は五対四というきわどい多数決によっていた。その多数意見は強権派のウィリアム・ハワード・タフトがたった一人で執筆しているのに対して、少数意見は全員が、リベラル派のオリヴァ・ウェンデル・ホームズ・ジュニアも、あのブランダイス——「独りにおいてもらう権利」の定義者——も、執筆していた。くわえて多数意見は五ページにすぎないのに少数意見は八ページにも及んでいた。これらの事実から浮かびあがることは、上記の多数意見はそもそも脆弱な論理を抱えこんでいたのではないか、という懸念であった。

盗聴の制度化

一九三四年、議会は電話事業を規制するために通信法を制定した。このときにオルムステッド訴訟の判決をそのなかに取りこんだ。その雑則の部分に「通信の無権限の公表（の禁止）」という条項を設けた。その条項にいわく。

……に認められた場合を除き、有線または無線による州際または国際通信を送信し、受信し、送信を補助し、又は受信を補助するものは、その通信の存在、内容、実質、趣旨、効果又は意味を漏洩し、又は公表してはならない。

だがこの条項だけでは話半分にすぎず、法執行機関による盗聴についてその是非を問う規定が欠けている。これをどう扱うのか、それは上記の「……」の部分に示されており、ここに刑法の「盗聴の認可」という条文が組みこまれている。その条文がどんなものかといえば、

司法省長官は、犯罪調査の責任をもつ連邦捜査局が、＊＊＊の証拠収集のために有線または口頭の通信の盗聴を請求すれば、それを認めることができる（要旨）。

といった記述になっている。要旨と断ったのは、原文がもって回った表現になっているからである。上記の二つの条文は、あわせて「盗聴の禁止」という原則、つまり「通信の秘密」と名づけられている原則を記述したものである。この制度的な仕掛けは通信サービスの高度化とともに、二〇世紀を通じてピースミル・エンジニアリング的に整備されるはずである。

つけ加えれば、前記の「＊＊＊」には、さまざまな犯罪名がその条文番号とともに引用されている。それは二〇世紀末には七〇行をこえるまでに増えていた。法執行機関からみれば盗聴の口実はいくらでもあることになる。

ここで用語について。きちんとした定義はないようだが、文脈から判断するとまず「傍受」(interception) があり、そのなかに「盗聴」(eavesdropping) がある。傍受は有線通信と無線通信に対するも

のを含み、盗聴はそのうち有線、とくに電話に関するものを指すようである。さらに、後者のうち盗聴器を使う場合を狭義の「盗聴」(wiretapping)というらしい。逆にたどれば、広義の「盗聴」には「立ち聞き」が入ると理解できる。

隣接する概念に「検閲」(censorship)がある。こちらは「無線通信の手段による自由な言論の権利への干渉」として定義されている。「無線通信の手段による言論」とは「放送」を、また「自由な言論」とは「表現の自由」を指している。

議会が通信の秘密への脅威として認識していたのは法執行機関による盗聴のみではなかった。通信事業者による盗聴もここに入っていた。こちらについては、まず一九一二年、無線局職員むけに、メッセージ内容の漏洩と公示とを禁ずる規定が設けられた。ついで一九二七年、ここにメッセージの有無のそれらに関する禁止規定が加わり、一九三四年にはさらに有線のメッセージのそれらに関する禁止規定が組みこまれた。

ここで確認しておきたい。それは盗聴の禁止とは何に対するものか、ということである。それは二つの型になる。その第一はメッセージの内容であり、その第二はメッセージに関する記録である(5章)。前者は自明として、後者は、誰から誰へ、いつ、といった通話記録を指し、ここにはメッセージそれ自体の存否も含まれると理解されている。通信事業者にとっては、この通話記録はネットワーク管理のうえで、さらに料金の請求において必須の情報である。この二種類の情報について、通信法はその公表を禁止したのであった。

このような流れのなかで、盗聴がじつはプロクセミックスとかかわる操作であること、つまりプライバシーを侵害するものであることが認識されるようになる。『オックスフォード英語辞典』の一九七二年補遺版をみると、「プライバシー」という言葉が通信の世界で最初に使われたのは一九三三年であったことが分かる。この年の発行になる『郵政省電気技術者雑誌』に「郵政省によって運用される無線電話サービスにはプライバシー装置が取りつけられる」との文言があったという。

ついで合理原則

二〇世紀後半になると、盗聴については「だれそれ対連邦政府」という形の訴訟が増える。前記の「盗聴の認可」に示された無効化の措置が不備だったことになる。

一九六七年に「カッツ対連邦政府」訴訟に対する連邦最高裁の判決が出た[5]。チャールズ・カッツという男が電話賭博をしていた。警察はそれを電話ボックスに置いた盗聴器によって記録した。電話ボックスは本人の身体でも所有物でもない。だからか、法廷は捜査法を問題にし、「扉を閉めた人は、自分が送話器にしゃべった言葉が社会に放送されることはないと期待する権利をもっている」と述べ、新しい判断基準を示した。

その基準とは「第一に当人がプライバシーについて実質的な期待を示したものであること、第二にその期待について、それを社会が「合理的」であると認識したものであること」というものであった。これには「家庭はプライバシーの期待できる場所である。だが、外部の人びとの「単純な視力」に曝される物件や行動や言明については、それを本人が隠しておくことはできない。開かれた空間における会話は立ち聞きされる。このような環境のもとでプライバシーの期待をもつことは不合理である。したがって保護されない」という注釈がつけられていた。

つまり法廷は所有物原則を遠ざけ、合理原則を採ったことになる。この合理原則をその内容にそくして「期待原則」と呼ぶ場合も多い。つけ加えれば、ここには後に「開かれた空間原則」、そして「単純な視力原則」と呼ばれるはずの概念も顔をだしていた。

この最高裁の判決を受けて、議会は一九六八年に包括的犯罪防止・街頭安全法を制定した。この法律は修正四条を口頭通信と有線通信に組みこんだものである。それは法執行機関の犯罪調査にかかわるものを除き、上記の通信に対する盗聴と公表とを禁止するものであった。ただし口頭通信においては修正四条による保護の範囲が狭く、それは当人が「プライバシーへの期待」をもっていることが条件となっている。口頭通信と有線通信に対する扱いの違いであるが、それは、カクテル・パーティーに出席する場合にはプライバシーへの期待を自分で確認できるが、電話に向かってしゃべる場合にはそのような判断ができない、ということと見合っている。この直後の一九七二年、大統領のからむ盗聴事件が生じる。いわゆるウォータゲート事件である。

公衆の眼、単純な視力

二〇世紀後半になると、監視技術は多様化した。法執行機関はもはや電話のみに頼る必要はなくなった。無線による追跡、あるいは空中からの監視など。これらの監視手段は技術体系のなかでみると、まったく異なる領域のなかにあった。だが、その使用目的が「法執行機関による捜査」であったために、その是非については、電話サービスに対して設けられた法制度をそのまま外挿あるいは移転して、それを論じる格好になった。

ということで、この時代、法廷は新しい捜査技術についても、所有物原則と期待原則とをめぐってさまざまの判例を積みあげた。くり返せば、これらの原則が認められる場合であれば、その個人は法執行機関の捜査に対して保護を与えられた。言いかえれば、捜査を自由にできるのは、まず所有物への侵入はなく、ついでプライバシーへの期待をもてない空間、ということであった。

一九八三年、こんどは「ノッツ対連邦政府」の訴訟に関する判決が出された。(6) ここでは手のこんだ捜査法が問題になった。レロイ・カールトン・ノッツという男がひそかにマリワナの栽培をしていた。その証拠をとるために警察はノッツの購入した薬品容器に発信機をしのばせ、その信号を追いかけて麻薬工場をつきとめた。下級審はこれを修正四条違反であると判定したが、最高裁はこれを退けた。

最高裁は発信機を積んだ自動車が公道を走っていたことに注目し、これについて「人がみずからが公共領域に曝されていると意識していれば、それが当人の家庭であろうと事務所であろうと、修正四条の保護の対象にはならない」と判断した。ここでも所有物原則は棄てられ、期待原則が通されたことになる。ここでの判断は後に「開かれた空間原則」——「公衆の眼原則」とも呼ばれる——として引用されることとなる。

一九八六年、装置工業界大手のダウ・ケミカルが環境保護庁を訴えた(7)。環境保護庁は大気浄化法に基づく立入り検査を試みたが、ダウ・ケミカルがその立入りを拒んだ区域があった。このとき環境保護庁は空中からダウ・ケミカルの工場群の写真をとった。これに対してダウ・ケミカルは、第一に環境保護庁の行為は捜査であり、第二に自社の工場群は私的領域であり、したがって第三に修正四条の保護を受ける、と訴えたのであった。この訴訟はプライバシー保護とはかかわりのないものであったが、その後のプライバシー訴訟にしばしば引用されるものとなった。

一審はダウ・ケミカルの主張を認めた。だが、控訴審はそれを覆した。ダウ・ケミカルは工場に屋根をかけていない。空中に対して露出している。とすれば、ここではプライバシーと称するものは期待されていないはずである。したがって修正四条の保護を受けることはできない。最高裁は控訴審の主張を支持した。この判断は開かれた空間原則を踏まえたものであった。

もう一つ、この裁判では航空写真の撮影についての議論もあった。裸眼による観察であればともかく、空中写真という高度技術は私人の期待と社会の通念を超えるのではないか、とすれば期待原則に反するのではないか。

控訴審は示した。「壁あるいは窓を貫通する電子的装置があり、これによって化学式や企業秘密についての議論を聞いた、あるいは記録したとすれば、これまでにはなかった、そして深刻な問題が生じたかもしれない」。だが「環境保護庁の入手した情報は、裸眼によるもの以上にくわしいものではあったが、工場の建物や装置の輪郭にとどまっていた。人間の視覚を多少は増幅していたが、この程度では憲法にかかわるものではない」。こちらの判断は単純な視力原則にしたがったことになる。

だが、壁の内側にある何かを監視のできる技術も出現しつつあった。[8]二〇〇一年、捜査をめぐる二つの原則――所有物原則と期待原則――について新しい見方が示された。それは「キロ 対 連邦政府」の判決であった。[9]

壁を通して、壁を隔てて

じつは一〇年前、ダニー・リー・キロという男が室内でこっそりマリワナを栽培したとして逮捕されていた。その裁判が長引き、この年にけりがついたのであった。警察は赤外線探知カメラを用いてキロの住まいを撮影し、屋根と壁の一部に高温の反応を認めた。この反応に基づいて家宅捜査をしたところ、そこに強力なハロゲン灯があり、これによってマリワナが栽培されていた。壁を隔てた赤外線カメラの撮影が期待原則を侵害するのか否か、これが争点になった。

訴訟は「地方裁→控訴裁→地方裁→控訴裁」と行きつ戻りつした。地方裁と控訴裁とは問題なしとした。赤外線カメラの捉えたものは屋根と壁の上に認められた不定形の熱の斑点にすぎない。カメラの捉えたイメージは外部からあてられたビームではない、家自体の放射している熱線である。使われた道具は壁や窓ガラスを貫通するものではなかった。したがって壁の内側にいる人間の活動を示すものではない。だから修正四条にいう捜査ではない。だがこの判断にキロは納得せず、紛争の決着は最高裁へともちこまれたのであった。

最高裁はつぎのように示した。「眼による監視は疑いもなく適法である。……。修正四条による家庭の保護は、公道上の捜査員に、家庭の横を通りすぎるときに、眼を閉じろとまで要求できるものではない。……。ただし、本件における監視法は裸眼による監視以上のものであり、それは公道上にいる捜査員を修正四条の侵害へと引きこむものである」

最高裁は続けた。「カッツの原則を洗練することは困難である。……。だが、プライバシーへの最小の期待の存在すること、それが「合理的」という言葉に関する認識であること、ここに慣習法に深く根をおろした基準がある」。さらに続けた。「探知装置によって家庭内の情報を観察することは、その情報が憲法上保護される領域への物理的な侵入なしには獲得できない場合には、それは「捜査」になる。この基準によれば、本件における赤外線のイメージは捜査証拠となる」。こう示したうえで、最高裁は「赤外線探知による捜査は修正四条を侵害する」という判断を示した。これは所有物原則をあいまいにした判断になっている。とにかく、最高裁は下級審の判断を破棄し差し戻した。

この判決には「問題とされる装置が公衆の使用するものでない場合は、その装置による情報の獲得は捜査となる」という注目すべき主張が示されていた。これを「公衆使用の原則」と呼ぼう。これは期待原則を裏返した形になっている。この公衆使用の原則が厄介な議論を引き起こした。

赤外線探知技術を使った捜査については、じつは下級審における判例がすでに積みあげられていた。ただし、それらはかならずしも一致した判断を示したものではなかった。

まず、屋外に棄てられたゴミにプライバシーは及ぶのか、という訴訟が起きた。ここで否という判例が生れた。第一の判例はこれを引用した。外壁に滲みだした熱もゴミと類似の廃棄物だろう。とすれば、熱にも期待原則は及ばない。

いや、と第二の判例は反対した。ゴミの処分法については、それはこんなものであるとする社会通念がある。だが、赤外線探知装置がどんな機能をもつかについては、その理解に高度の技術的な知識が不可欠であり、ここに社会通念があるとはいいきれない。

第三の判例は犬の嗅ぎ回りについて注目した。犬は建物から洩れる臭いを嗅ぎわける、赤外線探知装置も建物から流れでる熱を計測する。どちらも家庭のなかに侵入することはない。とすれば、ここでは個人の所有物に対する侵害はない。

だが、と第四の判例は逡巡した。犬の嗅ぎ回りが単純な視力であることは社会の通念となっているが、赤外線探知装置がどんなものであるのか、これについて社会の通念があるとは思えない。したがって期待原則は残る。

「キロ 対 連邦政府」の判決にもどる。じつは、その少数意見にもみるべきものがあった。少数意見はまず示した。「壁を通す監視」と「壁を隔てる監視」とは違う。前者は「私的空間内の情報への直接的なアクセス」であるが、後者は「公的空間における情報からの推測」にすぎない。「外壁に熱を認めたときに、ここからマリワナの成長を推測することもできるが、女性の湯浴みあるいはサウナを予想することもできる。(多数意見は）これらの推測を一括りにして「捜査」であると主張しているが、それはばかげている」。なすべきことは、所有物原則をきびしく運用することにある。

少数意見は続ける。「警察官は、公衆の誰によって観察されたものであろうと、犯罪行為の証拠となるものから眼をそらすことはできない。同様に公務員は、公共空間にあるどんな放出——過剰な熱、煙の流れ、疑わしい臭い、無臭のガス、空中の微粒子、放射性物質など——についても、それを感知し、検出することに眼を閉じてはならない。このような放出はコミュニティにとって脅威として認識されるものである」。そして強調した。「このような放出を探知技術によって監視することは、そしてその監視から有用な結論を引きだすことは、まったく合理的であり、それは公共サービスなのである」。その公共サービスを萎縮させてはならない。

少数意見は言いきる。「多数意見の示す基準は不確定である。というのは新しい技術に対する保護は、当の技術が「公衆の使用」になるや否や消滅してしまうからである。……。ただし、より侵入的な装置がより普及すれば、プライバシーに対する脅威は減少するというよりも増大する。とすれば、この基準はなにがしかの逆効果をもっている」。くり返せば、多数意見は公衆使用になった装置には保護がなくなるといっていた。

公衆使用の原則であるが、これはその装置を公衆が使っていることを意味している。ここに注目すれば、どんな捜査法が可とされるか、あるいは不可とされるか、その判断ができることになる。この点では、空中写真や街頭の監視カメラは公衆使用のカテゴリーに入るだろう。麻薬犬や暗視用のゴーグルはどうか。これらは公衆の使っているものではない。だが、公衆はマス・コミュニケーヨンを通じてそれになじんでいる。とすればこれも公衆使用のカテゴリーに入るかもしれない。とすれば恐ろしいことが生じる。新しい捜査法であっても、それを政府がテレビや新聞で公表してしまえば、その時点でそれは公衆の知るところとなり、したがって公衆使用として解釈されることになる。

絶望的に時代遅れ

一九八〇年代になると、新しい通信手段――携帯電話、コンピュータ間通信、電子メールなど――が実用化される。このために議員のなかには包括的犯罪防止・街頭安全法は「絶望的に時代遅れ」になったと主張するものも現れた。これに応えて一九八六年、議会はこの法律を更新し、電子通信プライバシー法（ＥＣＰＡ）を制定した。ここには新しく「電子通信」というカテゴリーがつけ加えられた。

ＥＣＰＡは既存の総合犯罪防止・街頭安全法を改定したものであり、旧法にあった「通信事業者を通して」という文言を除いた。もう一つ、旧法の「耳による（傍受手段）」に加えて「その他の収集」をつけ加えた。前者によって個人的な通信を、また後者によってコンピュータ間通信や電子メールを、それぞれ規制対象に含めたことになる。

ＥＣＰＡにも修正四条の原則は組みこまれていた。当事者はプライバシーへの期待があれば、保護される。ただし、その通信が公衆に暴露している場合には、その保護はない。この法律は政府による盗聴を抑止する狙いをもっていた。

この後、通信技術は急速に多様化し、その世代は目まぐるしく交替する。したがってこれに対応する法制度はつねに「絶望的に時代遅れ」として置きざりにされてしまう。だが、法執行機関は犯罪者に対する盗聴をやめるわけにはいかない。したがって「だれそれ対連邦政府」の形をとる訴訟は、それが最高裁にまで届くことはなくとも、控訴審の水準においては執拗にくり返された。ここでは新技術に追いつかないECPAは頼りにならず、したがってカッツ訴訟における期待原則の参照される場合が少なくなかった。[10]

一九九〇年、ディスプレーつきページャー――いわゆるポケット・ベル――への盗聴は修正四条の保護を受けることができるのか、こんな訴訟が第六控訴裁判所にもちこまれた。[11] 法廷は修正四条の保護を否定した。電話であれば送り手は受け手が本人であるかどうかを確認したうえでメッセージを送ることができる。したがって期待原則をもつことができる。だがページャーの送り手は、受け手の確認なしにメッセージを送ってしまう。ここには期待原則はない。これに対してページャーのメッセージは公衆にアクセスできないという反論もあったが、法廷はこれを無視した。

法執行機関はこのときにメッセージを直接盗聴していたわけではなかった。いったん記録し保管したメッセージ群のなかから問題のメッセージを検索したのであった。法廷はこの操作について、これも盗聴にはあたらないと示した。

一九九二年、コードレス電話の盗聴についての訴えが第五控訴裁判所に申し立てられた。[12] このときも法廷は修正四条による保護を拒んだ。コードレス電話はAM放送の受信機で簡単に傍受できる。公衆のアクセスは容易である。したがってここに期待原則はない。これが法廷の判断であった。

じつは技術水準は向上しており、暗号や周波数の多重化によってコードレス電話でも期待原則を保てるようになっていた。だが保護を申し立てた人はこのような主張をしなかった。こう言って、法廷はつき放した。

一九九四年、法執行通信事業者協力法が制定される。この法律は、法執行機関が通信事業者に盗聴を手伝わせることができる、と定めたものである。技術の高度化とともに、法執行機関のみでは盗聴できないように、つまり事業者の助けを借りなければ盗聴できないようになった。セキュリティー技術は政府の手から放れ、それが拡散してしまった。つけ加えれば、通信法は盗聴とその公開とを「何人」に対しても禁止していた。

一九九五年、メール・ボックスの盗聴について、その判断が軍法上訴裁判所に求められた。[13] 法廷はこんどは修正四条の保護を認めた。メール・ボックスにアクセスするためには暗証番号が必要であり、ここにプライバシーへの期待の存することは社会の通念である――これが法廷の示した判断であった。

一九九六年、インターネットの普及にともない、議会は通信法を電気通信法へと大幅に書きなおした。ここには、通信サービスの加入者情報について、その流用――たとえばマーケティング用への使い回し――をきびしく抑止するための仕掛けが組みこまれた。

携帯電話、さらにビデオ・カメラ

無線通信はカクテル・パーティーでの談笑に似ている。それは本来的に他人に傍受されてしまうリスクをもっている。ここにはプライバシーへの期待はない。したがって修正四条の適用をきびしく求めるような事件は生じなかった。だが、無線による移動体通信――いわゆる携帯電話――の急速な普及が始まると、この分野でも傍受について眼をつぶって過ごすことはできなくなった。

ECPAは個人や物体の移動監視に使う可搬式追跡装置についてその使用条件を設けていた。この法律はペン・レジスターやトレース&トラップの使用を禁止したが（5章）、無線による追跡装置もおなじカテゴリーに入るとみなしたことになる。さらに一九九四年には法執行通信事業者協力法が加入者の位置に関する全情報について、また一九九九年には無線通信・公衆安全法が移動体通信の発信位置の情報について、それぞれ使用や公開の条件を定めた。

これらの法律によって、携帯電話のユーザーは自分がどこから発信したのか、その場所を示す情報はプライバシーに属するという合理的な期待をもつことができるはずであった[14]。ただし連邦通信委員会は緊急通話に関して新しい指針を設けた（8章）。このために合理的な期待は実質的に失われることとなった。

発信位置の情報は通話記録である。この記録を当初は法執行機関が欲しがっていたが、しだいに企業もその入手を求めるようになった。この記録が個人のライフ・スタイルを反映するものであり、したがって当の個人に対するマーケティングに役立つからである。このようにして、法執行機関の盗聴に関する保護問題は第三者の利用に対するそれへと膨らんだ。一九九六年の電気通信法は、すでに示したように、これに枠をかけた。

二〇〇四年、議会はビデオ盗視保護法を制定した。この法律は小型カメラによる個人のプライバシーを侵すような盗撮を禁じ、同時に、ここに合理的な期待についての新しい定義を示した。それは、合理的な人がここは公衆の眼に触れない私的な場所だと信じている場合であり、この条件は公的な場と私的な場とを問わないとされた。ただし交通監視カメラについては、すでにべつの判例が示されていた（8章）。

盗聴、日常的

法廷は修正四条にきびしくしたがう姿勢を通しているが、法執行機関は盗聴をじつは日常的に実施している。改めて修正四条にもどれば、これが禁止していたのは「不合理な捜査」であった。したがって合理的な捜査であれば、つまり、司法部門から令状をとったうえでの捜査であれば、法執行機関はいつでも捜査ができる。

米国では合理的な盗聴については公表することになっている。それによれば、毎年、一〇〇〇件をこえる令状が請求されており、そのほとんどについて令状が発行されている。その一件の令状によってたとえば二〇七三日間も盗聴の続けられた場合があるという[15]。

二一世紀初頭、九月一一日事件が起こった。この後、単なる犯罪調査と国家安全保障にかかわる扱いとは制度的にまぜこぜになる[16]。

ここで一八世紀英国の政治家ウィリアム・ピットの言葉を思いだす人もいることだろう。

最も貧しい人民でさえ、自分の小屋のなかでは国王の兵力に対する反抗を宣言することができる。その小屋はみすぼらしく、屋根はきしみ、風が吹き抜けるかもしれない。しかし風は吹き抜け雨は入りえても、国王は入りえない（廣松毅訳）[17]。

二世紀たった今日、人びとの住居の壁は強固になったが、その反抗の気概は鈍化したということか。

文献

（1）佐々木秀智「アメリカの電気通信プライバシー保護法」：堀部政男編『情報公開・プライバシーの比較法』日本評論社、七一―一一四頁、一九九六

（2）Whitfield Diffe & Susan Landau "Privacy on the Line: The Politics of Wiretapping and Encryption" MIT Press (1998)

（3）Reginald Short 'The Kyllo Conundrum: A New Standard to Address Technology that Represents a Stop Backward for Fourth Amendment Protection' "Denver University Law Review" v. 89, p. 463-485 (2002)

（4）277 U. S. 364 (1928)

（5）389 U. S. 347 (1967)

（6）460 U. S. 276 (1983)

（7）476 U. S. 227 (1986)

（8）Wikkiam A. Herbert 'No Direction Home: Will the Law Keep Pace with Human Tracking Technology to Protect Individual Privacy and Stop Geoslavery' "Journal of Law and Policy for the Information Society" v. 2, p. 409f (2006)

（9）533 U. S. 27 (2001)

（10） Michelle Skatoff-Gee 'Changing Technology and the Expectation of Privacy : A Modern Dilemma' "Loyola University Chicago Law Journal" v. 28, p. 189-220 (1996)

（11） 917 F. 2d 955 (6th Cir. 1990)

（12） 978 F. 2d 171 (5th Cir. 1992)

（13） 42 M. J. 586 (C. M. A. 1995)

（14） Waseem Karim 'The Privacy Implication of Personal Locators : Why You should Think Twice before Voluntarily Availing Yourself to GPS Monitoring' "Washington University Journal of Law and Policy" v. 14, p. 485-514 (2004)

（15） 1章（11）

（16） 城所岩生「テロで様変わりの米国通信傍受法」『国際商事法務』30巻11号、一四八七―一四九三頁、30巻12号、一六五一―一六五四頁、二〇〇二、31巻1号、四三―四六頁、31巻2号、一七八―一八二頁、31巻3号、四九九―五〇三頁、31巻7号、一〇二四―一〇二七頁、二〇〇三

（17） 6章（4）

8　監視カメラ、ＲＦＩＤタグ、そして

監視技術は、事業の効率化、市民生活の安全といった分野でもこの社会に浸透してきた。つまり日常化してきた。ここには技術の横滑り性、あるいは両用性がともなっている。その極限型として、ＲＦＩＤタグとカメラつき携帯電話とがある。前者はビジネス主導の形で、後者は消費者主導の形で、監視を日常化している。この過程のなかで、伝統的なプライバシー保護の理念はしだいに薄められている。

イベント・データ・レコーダー、公衆の眼なし

個人に対する捜査については憲法修正四条の保護があった（7章）。この保護は本人、その家庭、その文書などに及ぶとされていた。だが、おなじ保護は自動車には達しないこととなっている。[1] 連邦最高裁は否という判断をすでにT型フォードの発売後一七年目に示していた。[2] 第一の理由。警察は自動車が発進するまえに令状をとることができない。第二の理由。道路においては、その運転者も積載物も「単純な視力原則」（7章）によって保護の外に置かれる。

時間が大きくとんで二〇〇五年、最高裁は自動車に対する捜索について、違法な行為には「プライバシーへの期待原則」（7章）は認められないという判断を示した。[3] 信号無視や速度違反も違法な行為である。とすれば、警察は道路上の交通管制について令状なしに監視することができる。じつは、警察はすでにかなり以前からこのような判断で交通規制をしてきた。その監視技術にはイベント・データ・レコーダと監視カメラとがあった。

まず、イベント・データ・レコーダ（ＥＤＲ）について。これはいわば航空機のブラックボックスを自動車向けに転用したものである。自動車が、その走行中に速度や角速度の急変を生じたとき、この装置はそれを感知し、その状況——走行速度、運転のモード、シート・ベルト着用の有無、車輛の力学的挙動など——を少なくとも数十秒は記録する。メーカーは事故後にこの記録を回収し、ブレーキやエア・バッグの機能を確認するために使う。一九七〇年代に開発されたが、米国では現在、数千万台の自動車がこれを装着しているという。メーカーはこれを製造時点に自動車に搭載している。

この記録を欲しがるのは誰か。それは事故原因を確かめたい警察であり法廷であり、また保険会社でもある。だが、ＥＤＲそれ自体は自動車の持主が所有している。くわえて、この記録の示す内容は自動車の持主のプライバシーにも触れる。にもかかわらずＥＤＲにアクセスできるのはメーカーのみになっていた。

ここで議論が生じた。それはＥＤＲ記録を法廷記録として扱うことについてであった。ほとんどの事故は運転者の速度違反や不注意によるものだろう。とすれば、そのＥＤＲ記録が持主の利益に反する場合は少なくないはずだ。そうであれば、EDRの記録を法廷にもちだすと、それが憲法修正五条を侵すリスクは高い。その五条には「何人も刑事事件において、自己に不利益な供述を強要されることはない」と示されている。

だが、この保護も近年やや怪しくなっている。二〇〇四年、カリフォルニア州議会は、EDR記録は自動車の持主のものである、したがってメーカーはそれを持主へ公開すべし、という州法を制定した。ここまではよいだろう。この法律の理念はそののちべつの州へも拡大している。これもよいだろう。だが州によっては、EDR記録を、その所有者の同意がなくとも、医療研究者、法廷、警察などへも開示すべし、といった法律を定めるようになった。

技術には汎用性がある。EDRは自動車メーカーにも保険会社にも警察にも医者にも役立つ。EDRにかぎらず、技術というものは、そのユーザーをつぎつぎと拡げることができる。往々にして、それは当の技術の原型の開発者の思惑をはるかに越えて動き回ってしまう。これを技術の「横滑り性」——'function creep' あるいは 'mission creep'——と呼ぶ人もいる。やや奇矯な言い方にはなるが。

さきに、道路上の自動車には修正四条の保護は達しない、といった。じつは道路上の鞄は公衆の眼のもとにあるが、その中身には公衆の眼は達しない、だから鞄の中身にはこの保護が及ぶ、という判例も残っている。(4) この論理をもちだせば、EDRの記録は修正四条の保護のもとにあることになる。とすれば、EDRの記録をめぐる議論にはなにがしかの捩れがある。

監視カメラ、公衆の眼あり

つぎに交通監視カメラについて。[5] このカメラは道路を上方から俯瞰するように設置され、その出力はただちに管制センターに送られるようになっている。

まず信号監視カメラがある。これは交差点において、赤信号を無視する自動車を捕捉するものである。つぎに速度監視カメラがある。これは道路上において、速度制限に違反する自動車を検知するものである。米国では一九六〇年代から使用されているが、九〇年代になって一段と普及した。

この技術は画像をデジタル方式で処理することによって、その解像度を格段と高くした。これによってナンバー・プレート上の情報を読みとること、くわえて運転者の顔も誰と見わけることができるようになった。いや、顔の認識はプライバシー侵害になるから不可という州もあるが。

とにかく、警察はこれらの情報をみずから保有するデータベースと突き合わせることによって、当の違反者を発見できるようになった。ロンドンではこのシステムを使って、市の中心部への乗入れ制限に対する違反者をとりしまっている。

ついでにいえば、米国においてはナンバー・プレートに示される情報は公共情報であると理解されている。それは誰からも認識される自動車の外側につけられているから。つまり、「公衆の眼原則」(7章) によって保護されないためである。ただし、欧州においては違う。その個人データ保護指令 (一九九五年、12章) はこのナンバー・プレートをプライバシー保護の対象としている。

監視カメラは閉回路テレビジョン (CCTV) とも呼ばれる。「閉回路」というのはこのカメラで撮られた映像が閉じた領域でのみ利用されることを指している。つまり、この映像が放送されることはない。不特定多数者に暴露されることはない。

歴史をたどると、この技術は第二次大戦中にドイツがV2ロケットの発射時に監視用として使ったのが最初であるという。ロケットの打ち上げには危険がともなう。遠隔操作をしなければならない。このための装置であった。戦後、この技術は装置工業に導入される。ここでも遠隔操作が必要であった。

一九七〇年代、この技術は英国において防犯用の装置として利用されるようになる。IRAのテロリズム活動に対抗するためであった。その後、この目的での利用は絶えることなく増大し、今日ではその数が四〇〇万台をこえている。国民一四人に一台の割合となり、ロンドン市民は毎日三〇〇回は撮影されているという。二〇〇五年七月七日、ロンドンの地下鉄にテロリストによる攻撃があった。警察当局はCCTVの画像からただちに犯人を割りだした。

監視カメラの本来の役割は「安全」であった。だが、CCTVはたまたま通りすぎるすべての歩行者の姿を同時に撮ってしまう。その人は誰なのか。何をしているのか。どんな表情であるのか。誰と連れだっているのか。何を持っているのか。その持物が本であれば、そのタイトルは何か。これが確認できる。つけ加えれば、現在CCTVの技術はデジタル化している。デジタルの出力はただちにコンピュータにとりこみ、高速かつ自動的な画像処理をすることもできる。たとえば雑踏のなかで人の流れに逆らって歩む人、くわえて帽子を目深に被る人——こんな行動をとる人の検出は簡単だろう。

話を米国にもどせば、CCTVは公衆の眼の及ぶ場において運用されている。くわえて、CCTVによる監視はすでに公知の事実となっている。したがって、修正四条の保護は及ばない。いや、帽子を目深に被る人、黒眼鏡をかけている人は、プライバシーへの期待をもっており、修正四条の保護を受けることができる。こんな少数意見もないわけではない。

CCTVは多くの場合、顔の画像認識、くわえて個人データベースとの相互参照とつながっている。顔の画像認識についていえば、これを既存の顔写真のデータベースと突き合わせることにより、特定の人名を同定することができる。同時に、その名前をキーにして、犯罪歴、納税、信用販売、医療、自動車登録などのデータベースを検索し、ここで得られたデータを合成して当人の全体像へとまとめることもできる。

道路上の人は、自分の姿が監視カメラに捉えられていることは知っているだろうが、瞬時のうちに、自分のプロファイル——個人データの集合——までが相手に把握されているとは思ってもいないだろう[6]。つまり、自分の外見にはプライバシーは期待できないと納得していても、自分のプロファイルにはプライバシーを期待しているだろう。とすれば、ここまで修正四条の保護を及ぼすことができるのかどうか。

二〇〇一年のスーパー・ボールにおいて、フロリダ州の警察は顔の認識技術について最初の大規模実験をおこなった。監視カメラを競技場の入り口に設置し、一〇万人の入場者の映像を撮影し、これをべつに用意した一七〇〇人の犯罪者のデータベースと突き合わせた。このシステムは一九人の容疑者を同定したが、うち一八人は誤りであった。ただし、この照合結果の得られたときには、肝心の容疑者は姿を消していた。米国市民自由連合はこの実験を「スヌーパー・ボール」といって責めた。いうまでもないが「スヌーパー」には「スパイ」という意味もある。

GPS、その両用性

一九九〇年代、電話のユーザーはしだいに固定電話から離れ、携帯電話へと移った。このときに困ったことが生じた。それは固定電話にはあった「911サービス」——日本の「110番サービス」などに相当——がなくなることにあった。議会は公共サービス上これを見すごせないと判断し、一九九九年に無線通信・公衆安全法を制定した。連邦通信委員会はこれにしたがい、携帯電話会社にも911サービスを提供するように求めた。これを「E911サービス」と呼ぶ。「E」は「拡張」という意味を含んでいる。(7)

E911サービスには、自動的に送信者の番号を同定する機能と、自動的に送信者の位置を確認する機能とを含まなければならない。電話番号にその住所を固定したものが固定電話、これを切り離したものが携帯電話となる。したがってE911を実現するためには、携帯電話の端末に位置確認機能を組みこまなければならない。このためにはGPS機能を詰めこまなければならない(携帯電話だけによる位置決定法もあるが、ここでは省く)。

ということで、話は衛星測位システム(GPS)に移る。その本来の任務は軍事用、たとえばミサイルの誘導であった。このシステムは米国海軍が開発し、一九七八年に運用を開始している。ここで使う衛星を「ナビスターGPS」と呼ぶが，この「ナビ」は「海軍」を指している。ついでにいうと「GPS」は固有名詞である。

このシステムは地球上に二四個の衛星を周回させ，ここから常時，その軌道座標と標準時刻を発信させる。地上のユーザーはその信号を受け，これから自分の位置を算出することができる。

一九九三年，連邦航空局はGPSの民間利用を認めた。これによって，自動車のナビゲーション，あるいは測量，さらには地殻変動の観測などもできるようになった。つまりGPSは民生用の技術にもなった。このように軍事用にも民生用にも使える技術を「両用技術」と呼ぶ。ここにも技術の横滑り性がある。

GPSの衛星は二つの信号――P信号とC／A信号――を常時，発信している。「P」は「高精度」を，また「C／A」は「粗い捕捉」を意味している。それぞれに対する位置の決定精度は一メートル，一〇メートルとなっている。前者が軍事用，後者が民生用ということになる。つまり，GPSには意図的に両用性が組みこまれていたことになる。

なぜか。まず，GPSの信号は灯台の光とおなじように，誰かが専有して使いきれるものではない。民間人が利用したからといって，その分，軍当局の利用が妨げられるものではない。つまり公共財的な性格をもっている。つぎに，民間分野におけるGPS利用が膨らめば，総体としてGPS投資の効用も高まることになる。同時に，この技術のさらなる向上について，民間企業の寄与も期待できるはずである。いずれにせよ，政府はGPS投資について納税者の納得をとりやすくなるだろう。

そのようなアプリケーションの一つとして，一九九〇年代に社会のなかに浸透してしまった自動車用ナビゲーション・システムがある。この時代、軍部はC／A信号についても劣化操作を施し、その精度を一〇〇メートルに落していた。だが、民生用だからといって、低い精度でよしということにはならない。民間企業はこの悪条件を梃子とし、新しい技術開発に成功している。その一つがE911サービスにつながった。

一言、つけ足せば、GPSのユーザーにとって自分の位置の決定とは、四つの未知数——緯度、経度、高度、そして時刻——の解を得ることを意味している（ここで時刻といったのは、ユーザーの時計が衛星の時計とは別物だからである）。四つの未知数を求めるためには四つの方程式を同時に解かなければならず、その前提として四つの衛星からの信号を受信していなければならない。ユーザーは地球上のどんな場所にいても、つねに四機の衛星を見通せなければならず、このために二四個の衛星が必要となった。

E911、プライバシーの希釈

E911にもどる。GPSによるユーザーの位置決定はいま言ったようにかなり重い計算を必要とする。したがって電池の消耗も激しく、この計算を端末のみに負担させることは難しい。もし、この計算を、べつに設けた地上の計算センターに負担させ、ユーザー端末をこの計算センターと無線通信によって結ぶことができれば、この難点を避けることができる。このときにGPS端末の位置は、つまりその保有者の位置は、計算センターによって把握されることになる。

E911にもどれば、FCCはその精度の仕様を、確率が六七パーセントで五〇メートル以下、確率九五パーセントで一五〇メートル以下、としていた。

問題が生じた。それはE911の導入が、FCCの求めるような日程表で進まなかったことである。なぜか。携帯電話には三つの技術規格があったからである。くわえて、この業界ではM&Aが激しく、おなじ企業のなかに異なる規格をもつシステムの共存する場合もあったからである。このような環境は電話会社のE911投資への意欲を削ぐものとなった。

とすれば、電話会社はE911のうえに新しいアプリケーションを載せ、ここに事業機会を創出しなければならない。これができなければ、ここに投資家やユーザーを引きこむことはできない。ここで改めてGPSの両用性が問われることになった。すでに、GPSには自動車用ナビゲーション・システムが組みこまれていた。このアプリケーションのさらなる拡張、さらなる大衆化が、携帯電話で実現できるはずである。

こんな思惑が重なり、携帯電話には、緊急呼出しというアプリケーションとともに、さまざまな日常的、実用的なサービスが導入されるようになった。ここには多様なセキュリティー・サービス（例、子供の追跡）やショッピング・サービス（ピザからガソリンまで）が参入した。無邪気なユーザーはこれを歓迎した。

つまり、携帯電話のもつ監視機能は家庭のユーザーにも公機関のユーザーにも役だつものとなった。この技術の横滑り性によって、伝統的なプライバシー保護の枠組みは、なし崩し的に希釈された。家庭のユーザーはこれに暗黙の了解を与えた格好である。

ＲＦＩＤタグ、その横滑り性

ＥＤＲデータは当の自動車に事故が生じなければ誰も確認できない。監視をする立場からすれば、これでは秘匿性が高すぎる。監視カメラのデータとなると、事故を生じない自動車であってもその姿を捕捉することができる。ただし、それは自動車がカメラの視野を横切る瞬間のみである。Ｅ９１１サービスは常時オンラインでその所持者の位置を追跡することができる。ただし、所有者が電源を切ってしまえば、それまでである。

とすれば、監視者としては、つねに、しかも相手の意思にかかわらず、その相手を一方的に追跡できるシステムが欲しい。じつは、この狙いにかなう技術は二〇世紀の後半に実現していた。それがＲＦＩＤタグである。

そのＲＦＩＤタグとは何か。まずデータを記録できる。たとえば一〇〇〇桁。つぎに外部に置いた装置から無線でタグ上のデータを読みとることができる。これは装置がタグと離れていても、たとえば数メートルであっても、可能である。さらに寸法が小さい。たとえば数ミリメートル。ただし価格はまだ高い。たとえば一個あたり数ドル。こうみてくると、ＲＦＩＤタグは次世代のバーコード、ということもできる。つけ加えれば「ＲＦＩＤ」とは「無線周波数による同一性確認」という意味をもつ。日本では「ＩＣタグ」という。米国流の表現、率直ですね。

ＲＦＩＤタグの技術はじつは第二次大戦末期のレーダー技術に始まる。(8) それは飛行機に対する敵味方の識別にあった。つまりこの技術も軍事的な応用のなかから生れた。だが戦後、この技術は企業にも学界にも興味をもたれるようになる。つまり両用技術となる。

一九七三年、マリオ・W・カードロ——どんな人物かは不詳——はメモリーつきのＲＦＩＤに対して最初の米国特許をとった。同年、起業家のチャールズ・ウォルトンは扉の解錠を受動的な無線中継機でおこなうシステムについて特許をとった。「受動的」とは「電池なしで」を指す。

この時代、米国のエネルギー省はロスアラモス国立研究所（ＬＡＮＬ）において核物質追跡システムの開発をしていた。核物質運搬用のトラックに無線中継機を積み、同時に核関連施設のゲートにアンテナを設ける。当のトラックがゲートを通過するときに、たとえば運転手のＩＤを自動的に確認する。これがその構想であった。ここに現代的なＲＦＩＤタグの原型が現れたことになる。

いっぽう農務省は、野外のウシの認識にＲＦＩＤタグを応用することについて、ＬＡＮＬに協力を求めていた。ウシには電源を埋めこむことはできなかった。つまり、ここで受動的なＲＦＩＤタグの開発が不可欠となった。その受動的なＲＦＩＤタグはカプセル化され、ウシの体内に埋めこまれた。ウシに可能なことは、やがてヒトにも可能となるであろう。

ＲＦＩＤタグはどんな物品にもつけることができる。バーコードのように、それはボールペンにもコカコーラにも衣服にも書物にもつけることができる。いま、バーコードと言ったが、それはすでにビジネス界に広く普及していた。もし、ある商品にバーコードがついていれば、その小売店は、情報システムの助けを借りて、当の商品について欠品をもつことも余剰在庫をもつことも防ぐことができた。小売店のよしとすることは、流通業者にも製造業者にもよしとされるだろう。

これに気づいたLANLの研究者はスピンオフする。RFIDタグによるバーコードの置き換えに事業機会ありと期待したのであった。フェアチャイルド、レイセオン、RCAなどの大手企業も同様の思惑をもってここに参入した。ということでRFIDはしだいに普及し、既存のバーコード用のアプリケーションにくわえて、トラック、コンテナ、カーゴの追跡、さらには高速道路の料金収集、あるいは鍵の遠隔操作など、多様なアプリケーションを生むことになる。ここにみられるRFIDタグ技術の横滑り性に注目した専門家はやがて「ユビキタス・コンピューティング」と呼ぶ概念を練りあげるだろう。(9)

監視、ビジネス主導へ

RFIDタグはどんな物品にもつけることができる。ボールペンにもコカコーラにも衣服にも書物にも、また、運転免許証にも健康保険証にも。もし、そうした物品をもった人が、あるいは着た人が自宅から外出したらどうなるだろう。当の本人は、たとえば駅の改札口を通過するたびに捕捉される可能性がある。たとえ、その人がこの事実を自覚していなくとも。

このような懸念をもった「消費者のプライバシーと市民の自由に関する会議」(CPCLO)——米国市民自由連合、電子フロンティア財団、電子プライバシー情報センターはじめ、三五団体による——は二〇〇三年に「RFID見解声明」を発表した。(10)この声明はその懸念をつぎのようにまとめている。

第一に、RFIDタグはその姿を隠したままでモノや書類につけることができる。第二に、全世界のすべての対象に固有のIDをつけることができる。第三に、上記の固有IDをもつタグのデータを巨大なデータベースとして管理することができる。第四に、タグのデータを離れた位置――相手の視野の外――から読みとることができる。第五に、個人のデータを固有のRFIDタグと関連づけることができれば、このときにその個人は、みずからは合意をしていないにもかかわらず追跡の対象になる。

CPCLOはこのようにその懸念を列挙することにより、じつはRFIDタグのビジネス的な有効性について饒舌に語っている、とみることもできる。

CPCLOの宣言はRFIDタグについて禁止すべきことと許容すべきことを列挙している。これも紹介しておこう。

まず、禁止条項について。第一に、動作中または休眠中のRFIDタグの受入れを消費者に強制してはならない。第二、消費者に対して、RFIDタグとRFIDリーダーが自分の所有物のなかにあるのかないのか、その点検を禁止してはならない。第三に、RFIDタグを、本人の了解なしに、その人の追跡に使ってはならない。第四に、RFID技術を匿名性の除去や減少を図るような方式――例、通貨への埋めこみ――に応用してはならない。ここでは、このまま放置すれば産業界が実現するはずのビジネス・モデルの姿が、それに対する懸念によって示されている。

つぎに、許容される利用法について。第一に医薬品の追跡、それが医療現場における誤用や模造品の使用を防ぐのであれば。第二に製造物の追跡、それが流通過程において紛失したり、不適切に扱われることを防ぐのであれば。第三に毒物の検出、それがリサイクルや廃棄物処理のメッセージとなるのであれば。注目すべきは、ここに限定的であるにせよ、ＲＦＩＤタグをよしとする主張の含まれていることである。この技術はどんな市民にとっても無視できない利点をもつと認めたことになる。ここでもこの技術の横滑り性を読みとることができる。

二〇〇三年、世界最大の小売業者ウォルマートがＲＦＩＤタグを採用すると発表した。この会社は一九八四年にバーコードを導入し、その普及に弾みをかけた実績をもっている。このバーコードのシステムをＲＦＩＤタグのシステムに置き換えようというのである。おなじ年、国防総省もＲＦＩＤタグの導入を決め、これを納入業者四万六〇〇〇社に通知した。いずれの計画も遅れぎみである。だが、変化の方向は確実である。

憲法修正四条、有効かつ無効

くり返せば、この社会にはＲＦＩＤタグによる監視システムが組みこまれつつある。高速道路の料金徴収システム――米国ではＥＺパス、日本ではＥＴＣ――がこれである。とすれば、私たちは高速道路に乗りいれるつど、無差別、悉皆に監視されることになる。道路沿いの交通管制用カメラが、これを脇から支えている。

ここで疑問が生じる。ＲＦＩＤタグによる監視は修正四条に触れるのではないのか。改めて判例を確認すれば、この保護を受けるためには二つの前提があった（7章）。当の技術の使用が修正四条の定義する「捜査」に相当すること、それが捜査であるとして、それは修正四条の定義する「不合理な」ものに相当すること——この二つであった。

まず、第一の点について。ＲＦＩＤによる監視は私的空間への物理的な侵入をともなわない。だが、カッツの判決は物理的な侵入のない赤外線カメラによる監視であっても、それを修正四条違反とした。とすれば、ＲＦＩＤも同様に解釈される可能性は高い。

つぎに、第二の点について。ノッツの判決は道路は個人がプライバシーを期待できない空間であり、したがってここにおける監視には修正四条の保護が及ばないと示した。とすれば、乗用車に貼りつけられたＲＦＩＤタグについても私人はプライバシーの期待をもつことはできない。つまり、修正四条は無効とされる。

ただし、この無効は運転免許証のＲＦＩＤタグに記録されたデータには及ばないだろう。その自動車が道路を走っていたとしても、運転手は自分の免許証の中身についてはプライバシーを期待できる。くり返せば、鞄にはプライバシーはないが鞄の中身にはプライバシーがあるという判例があった。それは「公衆の眼」の外にあるからであった。だが、これもすでに示したところだが、もし、政府がこのようなシステムを公知にしてしまえば、免許証の中身の監視も正当化できるはずである。

いったい、修正四条の保護は有効なのか無効なのか。この原則は制度疲労のなかに落ちこみつつあるのかもしれない。ただし、ＲＦＩＤタグの導入に果敢に対峙しようと試みる州も現れている[11]。

監視、消費者主導へ

ＲＦＩＤよりさらにこの社会に浸透している汎用技術が存在している。それはカメラつき携帯電話である。(12) その数は今日すでに全世界では数億台に達しているとみられる。この巨大な数のカメラが、つねに、公的な空間、私的な空間を問わずに、およそ人いるところに、それらの人が無邪気であれ世俗的であれ、存在している。かれらは平素はこの技術をみずからの仕事のために、あるいは娯楽のために消費しているにすぎない。

だが、いったん何事かが生じると、その現場に遭遇したものは、そのすべてがとはいわないまでもその多くが、ただちにパパラッチに変貌するのである。くわえて、その画像や映像をただちに不特定多数の他人に送る手段も、そのカメラに組みこまれている。このようにして、パパラッチ的な行為つまり私的な監視が、いまや社会に普及してしまった。監視という視点に立てば、カメラつき携帯電話はＲＦＩＤタグの目指していることを、すでに社会のなかに定着していることになる。監視は消費者主導になった。

ということで、カメラつき携帯電話においても、その技術の横滑り性が改めて社会的な課題になりつつある。これに対して米国議会は二〇〇四年にビデオ盗視保護法を制定した。この法律はカメラの特定な利用法――アップスカーティング――のみを禁止している。消費者による監視に対して憲法修正四条的な機能を果たすものがビデオ盗視保護法ということになる。この制度にはあるべき衡平性が欠けているかにみえる。

ＣＰＣＬＯの宣言を「愚か」と決めつける法学研究者がいる。[13] なぜ「愚か」なのか。現実にありえないリスクについて懸念しているから。そのような懸念には抵抗すべし。そうしなければ、この社会はＲＦＩＤ技術のもたらす利益を享受できないだろう。これがその意見。

この論文は法学雑誌に掲載されたものであるが、その内容をみると、引用が二二一件、ただし、このうち判例は一八件、法学論文は六件にすぎない。残りの引用は、そのほとんどが新聞記事、業界誌の記事、しかもその多くのものがＵＲＬから検索したものである。ここには、ジャーナリスト、あるいはエコノミスト、あるいは政策決定者の姿勢しかない。この著者が学界でどんな位置を占めているのかは定かでないが、格式を重んじる法学雑誌がこんな論文も掲載するようになった。法学者が技術の横滑り性を扱いかねている。こう、みてもよいだろう。

最後にレイマンの独り言を少々。修正四条、本来は人体やその所有物への物理的な侵入が対象であった。ここに電話の盗聴が入り、航空写真や暗視装置が加わり、さらに監視カメラ、携帯電話、ＧＰＳへと拡がり、ついにはＲＦＩＤタグに及ぶようになった。これを同一の法理によって律しようとしている。原則は大切である。だがどうだろう。なにがしかの違和感を禁じえない。監視技術はあまりにも遠くにきてしまった。

文献

(1) Aleecia M. McDonald & Lorrie Faith Cranor ‘How Technology Drives Vehicular Privacy’ “Journal of Law and Policy for the Information Society” v. 2, p. 981-1014 (2006)

(2) 267 U. S. 132 (1925)

(3) 543 U. S. 405 (2005)

(4) 479 U. S. 367 (1987)

(5) Drothy J. Glancy ‘Privacy on the Open Road’ “Ohio Northern University Law Review” v. 30, p. 295-376 (1994)

(6) John J. Brogen ‘Facing the Music: The Dubious Constitutionality of Facial Recognition’ “Hastings Communications and Entertainment Law Journal” v. 25, p. 65-96 (2002)

(7) James E. et. al. Holloway ‘Regulation and Public Policy in the Full Deployment of the Enhanced Emergency System (E-911) and Their Influence on Wireless Cellular and Other Technologies’ “Boston University Journal of Science and Technology Law” v. 12, p. 93-126 (2006)

(8) RFID Journal Com. ‘The History of RFID Technology’, ⟨http://www.rfidjournalcom/article/articleview/1338/1/129⟩

(9) 坂村健編『ユビキタスでつくる情報社会基盤』東京大学出版会、二〇〇六

(10) CPCLO ‘RFID Position Statement’, (2003) ⟨http://www.privacyrights.org/ar/RFIDposition.htm⟩

(11) 夏井高人「トレーサビリティと個人情報保護上の問題点」『情報ネットワーク・ローレビュー』3巻、一一三一一三八頁、二〇〇四

(12) Kevin Werbach 'Sensors and Sensibilities' "Cardozo Law Review" v. 28, p. 2321-2371 (2007)

(13) Jerry Brito 'Relux Don't Do It: Why Rfid Privacy Concerns are Exaggerated and Legislation is Premature' "UCLA Journal of Law and Technology" p. 5f (2004)

9　そして、データ・マイニング

九月一一日事件の後、公機関による監視の方法が変質した。それは、第一に事後の捜査から事前の監視へと、第二に特定者への追跡から社会の全成員に対する無差別、悉皆な調査へと、第三に公的部門の独占する活動から私的部門の参加するシステムへと、と移行した。この過程のなかで、伝統的なプライバシー保護の理念は二の次とされるようになった。

捜査から監視へ

話が入りくんできたので、ここで整理しておきたい。まず、身体を張っておこなう捜査があった。ここには見張りと聞き取りとがあった。ここに技術が導入される。見張りにはカメラが、聞き取りには録音機が使われる。そのカメラ技術も録音技術も電子化、そしてデジタル化される。デジタル化するとは、そのデータをコンピュータに格納できることを意味する。このときそれらの情報の相互参照が可能になる。たとえばある容貌のデータとある肉声のデータとをコンピュータのなかで同一人物のものとして照合することができる。かりにそれらのデータが互いに離れた地域にあったとしても、それらをネットワークを介することによって結合することができる。

二〇世紀末には、同一人のデータが多くのコンピュータに分散して格納されるようになった。税務署のなかに、病院のなかに、航空会社のなかに、あるいは通信販売会社のなかに。この環境の変化に対応して、捜査の方法も変質した。捜査は、多くのデータベースを渡り歩き、そのなかから同一人に関するデータを収集する形になった。このときに捜査の対象は人ではなく、その人を記録したデータになった。このような捜査を「監視」あるいは「データ監視」と呼ぶ。さらに、これらのデータを当人の行動と結びつけて、常時、取りこむことも可能になった。このための究極のセンサーがＲＦＩＤタグである（8章）。

捜査の変質はこれにとどまらない。データベース検索の対象は、特定の容疑者から不特定の多数者――そのほとんどは無実の人――へと移ることになる。しかもそれを技術的にも制度的にも、徹底かつ悉皆に、実行できるようになった[1][2]。

事前の選別へ

一九九〇年代になるとテロリズムが跳梁するようになった。これを受けて米国の監視プログラムは急速に整備された[3][4]。

二〇〇〇年、『ウォールストリート・ジャーナル』は、連邦調査局（ＦＢＩ）が「肉食獣」というシステムによって電子メールを監視していることをすっぱ抜いた。ＦＢＩは「爆弾」「薬物」といった文字列を含むメッセージのみを収集していると説明したが、批判派からは、肉食獣は肉というコンテンツのみを捕食する、そのコンテンツとは何か、などと追求された。

いっぽう、陸軍情報支配センターは「エイブル・デインジャー」というシステムを構築していた。こちらも文字列を含むメッセージをネットワーク上で追跡するものであった。このシステムは九月一一日事件の後に評判になった。前年にモハメド・アッタ――ハイジャック犯人の一人――を炙りだしていたからであった。

ただし、このプログラムに与えるデータ量を増やすと、それは数千人の米国市民の氏名も出力するようになった。データ量を一兆文字にまで増やしたときには、国務長官コンドリーツァ・ライスという名前まで現れるようになった。開発担当者は自信を失った。

ここで一言。もし、このシステムがコンドリーツァ・ライスという棄却すべきデータを受け入れてしまったとすれば、その誤りを「フォールス・ポジティブ」という。逆にモハメド・アッタという検出すべきデータを見逃したとすれば、その誤りを「フォールス・ネガティブ」という。一般に、前者を小さくしようとすれば後者は大きくなり、後者を小さくしようとすれば前者は大きくなる。

もう一言。このときモハメド・アッタを見つけだすことはセキュリティにとって主要な目的であった。だが、コンドリーツァ・ライスをテロリストとみなしたとすれば、それはプライバシー保護という価値を毀損したことになる。セキュリティの確保とプライバシーの保護とは、このように相反する場合もある。

運輸保安局（ＴＳＡ）――本土セキュリティ省所管――は「ＣＡＰＰＳ」というシステムをすでに一九九八年に稼働していた。この呼称は「旅客事前選別コンピュータ支援システム」の省略名であり、ＴＳＡが麻薬密売人を捉えるために仕掛けたものであった。まず、航空会社は予約時点において、乗客の氏名、住所、電話番号、生年月日を収集し、これをＴＳＡへ送る。

ＣＡＰＰＳは、これら個々の旅客に関するデータを、すでにみずから保有しているあれこれのデータベースと照合することを目的としている。ここでは検索すべき対象データの数は膨大ではあるが、技術的には伝統的なデータ検索、データ照合にすぎない。ついでにいうと、伝統的なデータベース検索においては、得られる情報はすでに当のデータベースのなかに見える形で記録されている。

矯めつ眇めつ

九月一一日事件の後に、議会はテロリスト対策としてＣＡＰＰＳの強化策を認めた。これを「ＣＡＰＰＳⅡ」という[5]。このシステムの狙いは旅行者の挙動をテロリストの活動と結びつけることであった。

テロリストはその足跡をなんらかの商取引として残しているはずである。それは米国にある医療、金融、輸送、通信、住居に関する民間データベースに記録されるだろう。ＴＳＡは航空会社から送られた旅客データをこれらのデータベースと照合し、ここからその個々の旅客のもつリスクを算出し、これを「青」「黄」あるいは「赤」と評価する。これがシステムの機能となる。

これらのデータベースのどれについても、個々のデータにはその主体がテロリストであるという記述はないだろう。だが、多くのデータベースをかき集め、これを矯めつ眇めつすれば、ここからテロリストの姿を炙りだすことができるかもしれない。

いま、矯めつ眇めつといったが、これは多数のデータベース群から特定の知識を抽出するアルゴリズムを指す。このアルゴリズムとしてはデータ処理分野のあらゆる手法が動員される。学問的な根拠があるか否かを問わない。それは単なる丼勘定から精緻をきわめたニューロ・ネットワーク理論にいたる。このような方法を「データ・マイニング」と呼ぶ。

そのデータ・マイニングについて、ウサナ・フェイヤードはつぎのように示している。「その量が膨大にすぎるので、そのままでは理解できない生データについて、これらをより高次の知識へと変換する知識発見法の核である」。ここにいう高次の知識とは「より簡潔な知識たとえば要旨、より抽象的な知識たとえば記述モデル、より有用な知識たとえば予測モデル」であるという(6)。フェイヤードを引用したのは、彼がデータ・マイニングの草創期の研究者であり、その人に敬意を表したためである。ただし研究者のためか、小うるさい記述になっている。

実際家はどういうのか。米国の会計検査院はデータ・マイニングについて「データのなかに隠されたパターン、さらには捉えにくい関係を掘りだし、そして、ここから未来予測のための法則を引きだす技術――データベース、統計的分析、モデリングなど――である」と定義している(7)。こちらは明快。

会計検査院は二〇〇四年に、米国政府におけるデータ・マイニングの導入状況について調査し、これが一九九件――計画中を含めて――にのぼると報告している。ここからアプリケーションの例をアトランダムに引用してみようか。

まず、薬物執行管理局の「ＴＯＬＬＳ」というシステム。これは電話の盗聴記録と捜査記録のデータベースであり、電話番号、通話日時、通話時間などに関する情報を含む。全データは薬物追跡の調査に役だつように、パターン別に整理されている。

つぎに、国務省のシティバンク特別報告システム。スタッフが公用としてクレジット・カードを利用した場合、そのカード利用のパターンを全世界的に追跡できる。その利用パターンをモニタリングすることにより、カードの潜在的な誤用や不正使用を把握できる。データは民間企業から入手する。

さきに紹介したエイブル・デインジャーであるが、これも初期のデータ・マイニングの成果である。会計検査院報告によれば、国防総省には諜報関連のアプリケーションが五件もある。その一つになっているのかもしれない。

市民の自由を主張する勢力は、ＣＡＰＰＳⅡについて、すべての乗客を潜在的なテロリストとみなすシステムであると批判した。議会はこれに配慮し、ＣＡＰＰＳⅡ計画の見直しを求める。システムは「セキュア・フライト」と改称され、同時に再設計される。新システムは、その出力を「青」と「赤」にとどめ、「黄」を省くことにした。この「黄」にプライバシーを侵害する懸念が残るからであった。「黄」であればさらなる調査が不可欠になる。そのさらなる調査は、無実の誰かを傷つけるかもしれない。

セキュア・フライトの運用にあたっては、プライバシー上の問題はないことになっている。ただし現実には、「青」であるべき乗客が「赤」と評価される場合も少なくないという。その確率の値については報告者によって大きいバラツキがあるが、とにかくここにフォールス・ポジティブのあることは確かである。この誤りによって生じる人権侵害を「プライバシー窃盗」と呼ぶ人もいる。

ここで一言。TSAの保有するデータの種類は四〇になるという。ここには宗教に関するデータはないというが、国籍データはある。人種データの有無ははっきりしない。公式には、これらのデータベースは政府によるアクセスが法的に認められたものに限られており、一九七四年制定の連邦プライバシー法の枠内にあるといわれている。いっぽう、民間の旅客データや取引データなどについては、とうぜん、憲法修正四条の保護も連邦プライバシー法の保護も及ばない（後述）。

実際的なあいまいさ

会計検査院の報告は、上記一九九件のアプリケーションのうち一二二件に個人データが含まれていたと示している。とすれば、ここにもプライバシーにかかわる懸念が生じるはずである。

まず、データの集積について。(8) 在来型のファイルはあるいはデータベースは、多くの場合、分散している。分散していれば、データの仕様もデータの更新頻度もデータの信頼性もばらばらである。ばらばらであれば、これらを集積し、ここに特定のデータに関する統一的な像を合成することは難しい。つまり、分散化されたファイル群には、またデータベース群には「実際的なあいまいさ」が残っている。

「実際的なあいまいさ」については説明の要があるだろう。この用語は、文脈は違うが、じつはF

ＢＩのもつデータベースに対する情報公開請求訴訟のなかで示されたものである。(9) 事件の経緯については省くが、その判決は、法廷や警察などに分散保管されている公文書ファイルとこれを統合したＦＢＩの単一データベースとは異なるといい、その理由として前者には「実際的なあいまいさ」がある、と示したのであった。実際的なあいまいさがあれば、それが結果としてプライバシー保護に一役かっていることになる。

話をもどす。ファイルのコンピュータ化やこれによって作成されたデータベースの結合、これが可能であるというのがデータ・マイニングの前提となる。だが、これによって、プライバシー保護のための障壁が低くなるわけである。

特定者から不特定者へ

つぎにデータ解析について。従来型のデータベース検索においては、その使い方は、一問一答の形になる。たとえば、誰がこの型の靴を買ったのか、あるいはこの型の靴は誰に買われたのか。ここで使われるデータは特定の人のものに限られる。とうぜん、修正四条の保護対象になる。

だが、データ・マイニングにおいては違う。問いは、たとえば、この型の靴を履いた人の足跡はどこに残っているのか、さらには、この型の靴を履く人は今後どんなところを歩くだろうか、といった形になる。これらに答えをだすために、たくさんのデータが利用される。そのほとんどは不特定多数の人――多くの場合、無実の人――にかかわるデータである。

このとき修正四条による保護はどうなるのか。(10) 炙りだされたデータが特定の個人と結びついているかどうかにかかわる。多くの場合、検索されるデータは、この型の靴を履いた人、というように匿名化された形になる。これを「選択的暴露」と呼ぶ。これには修正四条の保護は及ばないはずだ。ただし、個人の特定と選択的暴露とをはっきりと仕分ける尺度はないだろう。

べつの見方をする研究者もいる。[11] 電話の盗聴において、これまで電話番号の逆探知は捜査にはならないとした判例がある。[12] 修正四条の保護は通話の中身に対してであり、それ以外には及ばない、というのである。もしこの結論をよしとすれば、国家安全保障局（NSA）が単なる乗客記録を収集することもよしとされるだろう。だが、NSAはその乗客記録をあれこれのデータベースと突き合わせ、当の乗客について濃密な「デジタル一代記」を作ることもできるだろう。それでもよしとするのか。

真性ID法

いま、データベースの結合によって実際的なあいまいさを除去できるといった。九月一一日事件以降に連邦議会が求めたことはこれであった。その努力は、いくつかの実験として同時に進められたが、二〇〇五年に、これが「真性ID法」としてまとめられた。[13][14]「ID」は 'identification' の略称であり、つまり「同一性の確認」という操作、あるいは「身分証明書」という文書を指す。

この法律は、運転免許証とIDカード（以下、DL／ID）の発行について連邦として共通の標準を設定し、DL／IDを全国的なデータベースとして扱えるようにすることを狙っている。これまでDL／IDデータベースは州単位に整備されてきた。したがって、テロリストのモハメッド・アッタについて、ビザの有効期間が六カ月なのに、フロリダ州の運転免許証のそれが六カ年であったということがあった。このような不統一を避けたい。これが議会の求めたことであった。

この法律は各州のＤＬ／ＩＤデータベースにつぎの仕様を充たせと定めている。第一に、氏名、生年月日、性、ＩＤ番号、デジタル写真、住所、署名を記載すること、第二に、複製、改竄、偽造に対する防止技術を備えること、第三に、機械可読であること、第四に、おなじカードが重複して発行されていないこと、など。

連邦政府はこの仕様を充さないＤＬ／ＩＤを認めないという。これが通されると、全国的なデータベースが実質的に構築されることになる。これによって実際的なあいまいさは抹消される。つけ加えれば、真性ＩＤ法は「防衛・対テロ全地球戦争・津波救援に対する緊急補正予算法」に組みこまれて採択された。この呼称はこの法律の性格を端的に示している。

民間データベースの政府利用

セキュア・フライトにもどる。重要な論点を落していた。第一に、ここで政府は民間のもつデータベースを入手している。第二に、ここで政府は監視業務を民間にアウトソーシングしている。この二点について、修正四条の保護はどのようにかかわるのか。

まず、民間のデータベースの入手について。修正四条による保護の及ぶ範囲は、カッツ訴訟以来、プライバシーへの合理的期待をもつこと、と条件づけられてきた（7章）。この判断は、その後、あれこれの訴訟のなかで洗練された。これを要約すれば、つぎの二つになる。

その一。保護を求める当事者が自分の話相手に制御を及ぼすことができるかどうか。もし、その相手が友人であればよし、だが、ここに第三者がおり、その人に立ち聞きされていたとしたら、その人に制御は及ばない。その人が法執行者へ通報したとしても、これを修正四条で抑えることはできない。このときに当人はプライバシーへの期待をもてないからである。

その二。保護を求める当事者は、自分の情報を収納した容器をみずからの支配下においているかどうか。その情報を自分の鞄に入れてバスに乗ったとしよう。そのバスや鞄は公衆の眼のなかにあるが、その眼は鞄のなかには達しない。したがって修正四条の保護は及ぶ（8章）。だが、その情報を記載したメモをゴミ袋に入れて屋外に置いたとすれば、そのゴミ袋には当人の支配は及ばない。このときに当人はプライバシーへの期待をもてない。修正四条の保護を受けることはできない（7章）。

一九七六年、ミラー事件が生じた[15]。アルコール・タバコ・火器局はミッチェル・ミラーがウィスキーの密造と脱税とをしていると疑い、ミラーの取引銀行に対して、彼の金融記録——小切手、月次報告、預金伝票など——の提出を求めた。ミラーはこれに異議を申し立て、これを修正四条違反と訴えた。法廷はつぎのような判断を示した。

個人的な会話記録の開示とビジネス上の取引における情報の開示とは異なる。小切手は秘匿されるべき通信ではない。取引のための道具にすぎない。それは本人の自由意志で銀行に渡されたものである。銀行の記録は顧客の財産ではない。ミラー判決は、政府機関は民間企業のデータベースへアクセスできる、それは修正四条の保護の外にある、という結論を導くものとなった。

会計検査院の報告にもどれば、データ・マイニングにあたり個人データを使った一二二件のアプリケーションのうち、その四六件は民間企業から入手したデータを使っていた。連邦政府のデータ・マイニング外注化の傾向は著しい。

監視のアウトソーシング

もう一つの論点は、政府の監視業務をアウトソーシングできるのか、この是非を問うものであった。セキュア・フライトは政府による監視ではない。このシステムの主要な部分は民間企業が運用している。この場合にも修正四条は及ぶのか。[16]

法律家はここで最高裁の古い判例を探しだした。[17] この裁判は、ブラッドレイ・トマス・ヤコブセンという被疑者が妻とともに自分たちを捉えた法執行機関を修正四条違反で訴えたものである。事件は単純なものであった。フェデラル・エクスプレスの従業員が白い粉のこぼれている鞄を見つけた。その鞄には厳重な包装がなされていたが、あるものは白い粉だけであった。その従業員は社内手順にしたがって警察を立会人として呼び、その荷物を解体した。警察はその白い粉の一部をもちだし化学分析をしてみた。その粉はコカインであった。警察はここで令状をとり、その鞄の受取人であったヤコブセン夫妻を拘束した。ヤコブセンは警察の実施した化学分析は修正四条にいう保護を侵害すると訴えた。

これに対する最高裁の答えは明快であった。修正四条の保護は政府による捜索に及ぶのみであり、それは民間企業には及ばない。その捜査がどれほど不合理であったとしても。ここで現実に行動したのは民間企業である。だから修正四条の保護を受けることはできない。

以上の二つの論理をセキュア・フライトに移してみるとどうなるのか。第一に、政府が民間企業の収集したデータベースを利用することは禁止されていない。第二に、このシステムは民間企業によって運用されている。したがって修正四条の保護の外にある。セキュア・フライトは法的にも正当化される。

データ・マイニングの事業化

いま、政府による民間データベースの利用、監視業務の民間企業へのアウトソーシングについて語った。現実に、社会のあり方はこれを下支えするような形へと動いている。この視点で、過去をふり返ってみたい。

一九七〇年、米国政府はセンサス記録を磁気テープにコピーして販売するようになった。市場調査会社はこれを購入し、電話帳や選挙登録人名簿と結合して活用するようになった。このときにダイレクト・マーケティング会社が生れた。クレジット・カード会社がここに続いたが、そのカードはあまねく普及していた。このときにほとんどの消費者にわたるデータベースが構築された。

一九九〇年代、インターネットの商用化とともに、ほとんどの企業はインターネット上にみずからのウェブを設けた。これによって企業はそのウェブにアクセスする消費者のデータを自動的に収集できるようになった。そのデータには当人の関心、購入行動、情報収集手順などが記録されており、これらを結合することにより、オンライン消費者に関するプロファイルを作成することができた（5章）。このような環境のなかで、データ結合企業が生れた。

大手のデータ結合企業の例にチョイスポイントがある。この会社は一九九七年にエクイファックスからスピンオフし、当初は保険会社に個人の信用データを販売していた。この企業の特性を二〇〇五年のデータでみると、一七〇億件の個人データと企業データを保有しており、一〇万の顧客――うち公的機関は七〇〇〇――にそのデータを販売している。また売上は一〇億ドルである。その主要な業務――約六〇パーセント――は消費者データの販売である。営業品目をみると、苦情履歴データ、自動車記録、警察記録、信用情報サービス、雇用選別／薬物検査管理サービス、公的記録検索、信用証明、注意人物情報、ＤＮＡ同定サービス、認証サービス、株主情報などが並んでいる。いずれも公正信用報告法のもとにある規制事業である。

営業品目には連邦と州の法執行機関向けのサービスもある。まず創立時に司法省と一〇〇万ドル単位の契約を結んだ。連邦調査局（ＦＢＩ）などがこれに続いた。九月一一日事件の後、チョイスポイントの役割は増大している。すでに示したように、政府は米国市民に対して監視ができないからである。チョイスポイントの政府への役割はデータを販売することだけではない。監視に関するデータ処理技術もサービスしている。その技術は目標の人物を連続的に追跡し確認することを狙っている。

二〇〇六年、連邦取引委員会はチョイスポイントに対して一五〇〇万ドルの支払いを命じた。うち一〇〇〇万ドルは罰金、五〇〇万ドルは損害賠償の基金としてであった。何に対する支払いかといえば、前年に一六万三〇〇〇人の顧客について生じたデータ漏洩事件に対してであった。原因はＩＤ窃盗をしたハッカーによる不正アクセスにあるとされた。これが判明したのは、カリフォルニア州にセキュリティ違反情報法があり、これが事業者に不具合情報の顧客への通報を定めていたからである。

このときに、この手の法律をもたない州の顧客は無傷なのか、という揶揄的な批判も生じた。

ユビキタス・コンピューティング

ここでもう一度、ミラー判決にもどってみよう。ここで示されていた法理は、銀行のもつ個人データには修正四条の保護は達しない、ということであった。銀行記録はユーザーにとっては取引のための道具であり、ユーザーはこれを知ったうえで銀行を利用している、したがってここにプライバシーへの期待はそもそも存在しない――これがその判断であった。とすれば、この判断はプライバシー保護の核心を「自己データの流通制御権」（5章）におく発想と真っ向から対立することになる。

現在、米国市民は、電話を利用するたびに、インターネットで検索をするたびに、ディスカウント・ショップで購入するたびに、空港のゲートを通過するたびに、なにがしかの取引データを取引相手に収集されている。だが、これらは保護されるべきプライバシー情報ではない、取引データである、と解釈されるおそれが高い。

これらの取引データ（7）は、今後、さらに高い頻度で、高い密度でモニタリングされ、ネットワークを介して相互参照されることになるだろう。このときに「ユビキタス・コンピューティング」（8章）が実現する。それは、在庫管理、物流管理などの産業システムにくわえて、交通管制、薬品や食品の品質保証、廃棄物処理などの社会システムに及ぶはずである。[18] このほとんどは私的部門によって運用される見通しである。このようなシステムの出現を多くの人びとは歓迎するだろう。

これらのシステムは社会のあらゆるモノにRFIDタグを貼りつけ、社会のあらゆる場所にそのセンサーを設置し、これらをネットワーク化することによって実現するはずである。ユビキタス・コンピューティングの推進者はヒトにRFIDタグを貼りつけることには慎重なようだが、現実はすでにこれを実現している。米国の一部の州は、軽罪の犯罪者にRFIDタグを埋めこみ、収監せずに社会生活をさせている。このほうがコストが低いという。

ここでミラー判決に再度もどれば、これらのRFIDタグ群によって収集される個人データはデータベース化され、場合によってはデータ・マイニングに曝されるだろう。ただし、法廷はこれらの操作をプライバシー侵害とはみなさないだろう。しかもこれらのデータ操作は政府と民間企業の協力のもとで実行される。米国の姿は、九月一一日事件以降、こうなりつつある。

建国時代の米国においては、監視機能はそれぞれの共同体がもっていた。一九世紀になると、それは州政府の管轄下になった。二〇世紀後半になると、ここに国防総省、FBI、NSAなどが大きくかかわるようになった。二一世紀初頭に、本土セキュリティ省がここに加わった。

だが二一世紀の米国においては、さらに注目すべきことが生じている。それは監視機能の民間へのアウトソーシング、さらにその民営化である。民間部門に対しては、これまでみてきたように、憲法修正四条は働かない。くわえて、その活動の内容について情報公開請求もままならない。

米国で生じたことは、やがて日本にも現れるだろう。

文献

(1) 名和小太郎『情報セキュリティ：理念と歴史』みすず書房、二〇〇五

(2) 青柳武彦『サイバー監視社会：ユビキタス時代のプライバシー論』電気通信振興会、二〇〇六

(3) Geoffrey North 'Carnivore in Cyberspace: Extending the Electronic Communications Privacy Act's Framework to Carnivore Surveillance' "Rutgers Computer & Technology Law Journal" v. 28, p. 155-191 (2002)

(4) Michael Issac 'Privatizing Surveillance: The Use of Data Mining in Federal Law Enforcement' "Rutgers Law Review" v. 58, p. 1057-1089 (2006)

(5) Stephen W. Dummer 'False Positives and Secure Flight Using Dataveillance When Viewed through the Ever Increasing Likelihood of Identity Theft' "Journal of Technology Law & Policy" v. 11, p. 259-283 (2006)

(6) Usana Fayyad et al. 'From Data Mining to Knowledge Discovery in Databases' "AI Magazine" Fall 1996, p. 37-54 (1996)

(7) GAO "Data Mining: Federal Efforts Cover a Wide Range of Uses" GAO-04-548 (2004)

(8) K. A. Taipale 'Data Mining and Domestic Security: Connecting the Data the Dots to Make Sense of Data' "Columbia Science and Technology Law Review" v. 5, p. 2f (2003)

(9) 489 US 749 (1989)

(10) 上記（8）

(11) 上記（4）

(12) 434 US 159 (1977)

(13) Manoj Govindai 'Recent Development: Driver Licensing under the REAL ID Act: Can Current Technology

Balance Security and Privacy ?' "University of Illinois Journal of Law, Technology & Policy" Spring 2006, p. 201-213 (2006)

(14) Kaitie Stenman 'Government Information Collection : State Information Collection : The Shutdown of the Matrix Program, REAL ID, and DNA Collection' "Journal of Law and Policy for the Information Society" v. 2, p. 547-572 (2006)

(15) 425 US 435 (1976)

(16) Reepal S. Dalal 'Chipping Away at the Constitution : The Increasing Use of RFID Chips could Lead to an Erosion of Privacy Rights' "Boston University of Law Review" v. 86, p. 483-514 (2006)

(17) 466 US 109 (1984)

(18) 8章（9）

10　バイオメトリクス、さらに

人間は自分に貼りついているデータをもっている。顔つき、指紋、DNA配列、タイピングの癖など。これらのデータを個人識別に使う手法をバイオメトリクスという。バイオメトリクス・データは社会性をもち、かつプライバシーにかかわる。そのいずれをよしとするかについては、どこかにトレードオフを設けなければならない。

パスワードよりも確か

私たちはそれぞれ自分のパスワードをもっている。これを「私は私である」という証に使う。その私が「クレタ人は嘘つきだ」と言いはるクレタ人であったとしても、あるいはその私が「ボルヘスは私か」などと不可解なことを呟くホルヘ・ルイス・ボルヘスであったとしても[1]、相手はそのパスワードのみを信用して「私は私である」のか否なのかを判定してしまう。その判定者は多くの場合に機械であり、その判定は自動的である。だから、その判定は呵責ないものとなる。

この機械による自動的な判定を支えているものは、つぎの条件である。第一、誰でもパスワードをもっている。第二、おなじパスワードを異なる人がもつことはない。第三、パスワードは不変である。第四、パスワードは機械によって処理できる。これらの特性を、遍在性、個別性、不変性、記号性と呼んでもよいだろう。

じつは、パスワードは上記の条件を厳格には充たしていない。第二と第三の条件は、単なる約束ごとであり、もし、ここに人間の不注意や悪意がからめば、当のパスワード・システムの信頼性はただちに崩れてしまう。

ということで、この信頼性を確かなものとしたいならば、第二、第三の条件を単なる約束ごとにとどめず、当人の意識とは独立した客観的な実体に結びつけなければならない。このために提案された実体が、顔つき、指紋、掌紋、網膜血管、声紋、そしてＤＮＡ配列ということになる。多少のバラツキを認めるとすれば、ここに歩き方、署名、タイピングの癖などを含めてもよいだろう。このような発想で開発された個人識別技術をバイオメトリクスという。

指紋にしぼってみようか。指紋が遍在性、個別性、不変性をもっていることは、アッシリアや古代中国においても、すでに気づかれていた。問題は、これを記号化する方法にあり、ここに実用化の鍵があった。この点については、一九世紀末に、インド駐在の徴税官ウィリアム・ハーシェル——あの大天文学者ウィリアム・ハーシェルの孫——と日本滞在の宣教師ヘンリー・フォールズが、いずれも英国人であったが、激しい優先権争いをしていた(2)。

指紋の個別性は徹底している。同じ指紋の存在する確率は、どんな方法で確認したのかは不明であるが、八七〇億分の一であるという。ここから特定の二つの指紋がおなじか否かを照合しなければならない。このためには、その照合を指紋の全体像に対しておこなうわけではない。その全体像のなかからある特徴を抽出し、それに対して照合を試みることになる。以下、全体像に対応するデータを「原データ」、ここから抽出したデータを「テンプレート」と呼ぶ。

指紋について、そのテンプレートを示せば、一つの指紋から一〇〇～一五〇の特徴点を抽出する。特徴点としては、流線の切れた点――端点――や枝分かれの点――分岐点――を選ぶ。二つの指紋テンプレートを照合した場合に、約一〇点が一致していれば同一人とみなせるらしい。ただし犯罪調査に使う場合にはこれをこえる一致――とはいっても二〇点以下――が必要であるという[3]。

指紋の照合を含め、バイオメトリクスはつぎの二つの質問に答えるためのシステムである。第一の質問。「私はA。これを確認してほしい」。ここでは他人がAと騙ることをこのシステムは拒まなければならない。このときにデータの照合は一対一の形になる。この型の質問を「確認モード」と呼ぼう。第二の質問。「この人は誰か。その身元を同定してほしい」。ここでは当の未知の人がじつはAであった場合、その人がAではないと白を切ることをこのシステムは否定しなければならない。このときにデータの照合は一対多の形となる。この型の質問を「同定モード」と呼ぼう。

この二つの機能は、コンピュータ処理で支えることによって、大幅に増強することができる。このときにテンプレートはデジタル表現になる。このときのシステムの運用手順はつぎのようになる。

まず、指紋を登録する。照合すべき人の指紋を原データとして採取し、これをテンプレートに変換し、データベースとして保管する。

つぎに、確認モードであれば私が、同定モードであれば未知の誰かが、自分のデータを改めてシステムに入力することになる。システムはこれをすでに保有しているテンプレートのデータベースと照合して、その答えを、前者であれば「諾」あるいは「否」として、後者であれば「何某」として、出力する。

おなじ指紋は二つとはないといっても、実際に比較するのは全体像にかかわるデータ群ではない。テンプレート、つまり部分的な抽出データについてである。このために、異なる人の指紋が同一人であると理解されたり、同一人の指紋が別人のそれと判断されることがありうる。(4) 前者はいわゆるフォールス・ポジティブに相当し、このときに冤罪のリスクが生じる。後者はおなじくフォールス・ネガティブであり、このときに犯人見逃しのリスクを負う（9章）。

現実はどこまで進んでいるのか。米国の連邦捜査局（FBI）は、統合自動化指紋照合システム（IAFIS）を運用している。このシステムはすでに四七〇〇万人について、その指紋と犯罪履歴とを記録したデータベースをもっている。

ここで注を一言。バイオメトリクスは携帯電話、RFIDなどの追跡技術とどこが違うのか。前者は、何某が現れたときに、その何某が「誰」なのかを決定するものである。後者は、つねに何某の「動き」を追いかけるものである。監視カメラは双方の特性をあわせもっている。

憲法修正四条、ここでも

問題はまたもや憲法修正四条にある。バイオメトリクスによる本人の識別は修正四条の保護を受けることができるのか。[5] この課題を扱った論文は、法学雑誌に掲載されたものに限っても、この数年間ですでに百編をはるかに超えている。ただし、そのほとんどはカッツ判決、ノッツ判決、そしてキロ判決（7章）を参照しているにとどまる。なぜかといえば、この課題について最高裁は新しい判例を示していないからである。

カッツの判決は、当の技術による捜査に対して、当事者が主観的にプライバシーを期待しており、その期待が客観的にも肯ける場合に、修正四条の保護が与えられる、といっていた。ノッツ判決は、公衆の眼の及ぶ領域は公共領域であり、ここにプライバシーを期待することはできない、と示していた。キロ判決は、その捜査技術が公衆の利用するものであれば、つまり公知であれば、ここにプライバシーは期待できない、と述べていた。じつはカッツ判決のまえに、修正四条が明示的に示していた所有物原則──当の技術が人間やその所有物に物理的に侵入しない──があった。

これらの判例と原則にしたがえば、バイオメトリクス技術に対する修正四条の保護はどうなるのか。まず、歩行の癖。これは公衆の眼のなかにあり、本人自身、ここにプライバシーを期待してはいないだろう。もちろん、公衆による観察は本人への物理的な侵入はともなわない。修正四条の保護はないだろう。

つぎに、指紋。人は日常生活のなかで、指紋をあらゆるところへ残していく。茶碗に、扉の把手に。

これは公衆の眼に触れる。いっぽう、その採取にあたっては、本人を拘束しなければならないが、人体への物理的な侵入はない。まあ、ここでもプライバシーへの期待はないとしたほうがよいだろう。くわえて、指紋による本人確認システムは、空港のゲートにおいても、また銀行のATMにおいても使われるようになった。つまり、公知になりつつある。修正四条の保護は及ばないだろう。

つぎに声紋。じつは声紋は修正四条の保護を受けないという最高裁の判例が一九七三年に出ていた。(6)ここでは法廷に声紋が提出されていた。この判決は、

人の声、その声音、口調などの物理的特性は、それが特定の会話の内容に及ばなければ、公衆につねに曝されているものであり、これらを見本として証人に与えよという要求は修正四条の権利を侵害するものではない。自分の声や口調を他人に知られることはないはずといった期待を合理的にもてる人はどこにもいないからである。

と示していた。他人の声は、その人に対する物理的な拘束なしに聞くことができる。しかも、そのまま公衆の眼——ただしくは耳というべきか——に曝されている。

つぎに網膜血管や虹彩についてはどうか。ここではデータの採取にあたって当人への物理的な拘束——直視、瞬きなし——が不可欠である。くわえて、網膜血管も虹彩もそれ自体は本人のものである。とすれば本人はここにプライバシーを期待できるだろう。

旅券の電子化

九月一一日事件の後、米国政府にとっては、外国人への管理が大きい関心事となった。(7) 誰の入国を許すのか。誰の居住を認めるのか。このために、新しい制度が導入された。その一つに「US訪問者・移民状況表示技術プログラム」(略称「US訪問プログラム」)がある。この計画は本土セキュリティ省が議会の要請に基づいて二〇〇四年に導入したものである。議会の示した仕様はつぎのようなものであった。

> システムは、外国人の到着と出発とを、すべての入出国地点に配置された端末によって、統合的、自動的に記録し、同時に、その身分証明書の確認と渡航書類の認証とをバイオメトリクス・データの照合によっておこなうものとする(要旨)。

このプログラムは、移民・帰化データ管理向上法(二〇〇〇年)、ビザ免除計画法(二〇〇〇年)、USA愛国者法(二〇〇一年)、国境安全法(二〇〇二年)に由来している。これらの法律の呼称をみれば、このプログラムがどんな性格をもっているかを理解できるだろう。これらの法律はどれも非居住者の入出国について記録システムを導入せよと求めていた。

US訪問プログラムによって、税関は入国者に対して指紋の採取やデジタル写真の撮影――まだ悉皆ではないが――ができるになった。これらのデータは行政機関のスタッフであればアクセスできることになっている。

このプログラムをさらに効率的に運用するためには旅券の電子化を図り、ここにバイオメトリクス・データを搭載すればよい(8)。電子化のためにはRFIDを埋めこみ、バイオメトリクスとしてはデジタル写真と指紋とを組みこむ。二〇〇五年、国務省は電子旅券の構想をまとめ、これについてパブリック・コメントを求めた。コメントは二三三五通にのぼったが、その九八・五パーセントは否定的なものであり、その理由のほとんどはプライバシーかセキュリティかにかかわるものであった。このうち、主なものを紹介しよう。

まず、技術の横滑り性に関する苦情があった（8章）。社会保障番号は、当初、政府のみが使う個人管理システムであったが、いつしか民間企業にも普及してしまった。同様に、バイオメトリクス・データ入りの電子旅券についても、いずれ企業がこれを流用し、新しいアプリケーションを開発するだろう。このときに、電子化はデータ処理の有効性を拡げ、バイオメトリクス・データは個人データの信頼性を高めることができる。だがその分、データが非電子的、非バイオメトリクス的であったときに残されていた「実際的なあいまいさ」（9章）、つまりなにがしかの匿名性が、あるいはなにがしかのプライバシーが失われてしまう。

つぎに、データの集中化にかかわる苦情があった。電子化により、旅券の自動読取が、バイオメトリクス・データも含めて、可能になる。結果として、バイオメトリクス・データのデータベース化、同時にその集中化が容易になる。ここでも技術の横滑り性を利用して、多くの機関がこのデータベースの共有化を求めることになるだろう。これも、くり返すことになるが、プライバシー保護にかかわる「実際的なあいまいさ」をとり除いてしまうことになる。それだけではない。たとえば、このデータベースを法執行機関のデータベースと照合すれば、紛失旅券、盗難旅券のデータベースを顔写真入りで作成することができる。これをテロリストは欲しがるだろう。

旅券業務はすべての国が双務的におこなうものである。この業務はどこの国の税関でも実行できなければならない。とすれば、いずれはバイオメトリクス・データベースは全地球的なものへと拡大してしまうだろう。

旅券の電子化、バイオメトリクス化は、いま述べたように、国際的な協力のもとで達成されなければならない。このためには、各国がおなじ仕様の旅券を発行しなければならない。この仕様の標準化がなければ、どの国も、本人確認と本人同定を、国境を越えて、それも長期にわたって実施することはできない。その標準化の対象であるが、旅券の寸法、記録項目、その様式など、さらにここにバイオメトリクスを含むのであれば、そのデータのテンプレートも、照合プログラムのアルゴリズムも、ということになる。この標準化について国際民間航空機関は試案を示している。米国の国務省はこれを参照し、本土セキュリティ省はその導入について実験をおこなった。

税関で強制されるバイオメトリクス・データの採取は修正四条の侵害にならないのか。米国ではこの懸念が生じるだろう。問題は、空港のゲートにおける旅券の点検が公権力による捜査に該当するのか、にある。[9] 捜査と言いきるには、すでに判例があり、これによれば、当の相手が犯罪を侵しているという法執行側の判断に「相当の理由」がなければならない。ゲートを通過する人のすべてにこの条件を求めることはできないだろう。とすれば、ここには修正四条の保護はありうる。

ただし、外国人に対してはべつの判断がある。じつは、メキシコ人が米国の官憲による捜索と逮捕について修正四条の保護を求めた事件があった。このときに最高裁は修正四条の保護は自国民にかぎられると読める判決を示したのであった[10]。それは「全国的な共同体の一部となる人びとの集団、この国と十分な結びつきをもち上記の共同体の一員とみなせる人びとの集団」に属する人にのみこの保護が及ぶ、と述べていた。この判例を参照すれば、空港や港を通過して旅行する外国人は、その人が米国への移住者でなければ、修正四条の保護を受けることはできない。

指紋からＤＮＡ指紋法へ

一九八五年、英国のアレック・ジェフェリーズとその協力者は科学雑誌『ネイチャー』にヒトＤＮＡに関する報告を二編、投稿した[11]。二つの論文は、非遺伝子部分のＤＮＡ配列に注目すると、それは指紋とおなじく個人ごとに異なると指摘し、その計測法を提案していた。その第二論文には「ヒトＤＮＡの個人の特異的な「指紋」」というタイトルがついていた。ちなみに、ジェフェリーズは、異なる人のＤＮＡ指紋法が一致する確率を一〇の一一乗分の一と予測していた。このときにいわゆるＤＮＡ鑑定が始まった。

この技術については大手化学会社のＩＣＩが特許をとり、その事業化を図った。最初のアプリケーションは親子鑑定であったが、犯罪捜査用の犯人識別も引き受けていた。この後、各国の法執行機関はこの技術を犯罪捜査の道具として競って導入した。この技術を俗に「ＤＮＡ指紋法」と呼ぶが、この鑑定をするためには当人から採血しなければならない。場合によっては、口腔に綿棒を突っこんで粘膜を掻きださなければならない。つまり、当人の体内に侵入しなければならない。この点、指紋の採取とは違う。

犯罪捜査用のDNA指紋法データについては、米国では一九八九年にヴァージニア州がそのデータベース化を図った。これが最初で、その後、このデータベースはコロンビア特別区と全五〇州に導入されている。全国的なものとしては、一九九〇年にFBIがDNA索引結合システム（CODIS）を開発している。

DNA指紋法データベースについては、どの州もサンプル採取の対象を拡げつつある。当初は性犯罪犯、殺人犯、誘拐犯などに限られていたが、いつしか、それは窃盗犯、住居侵入犯、放火犯までも含むようになった。カリフォルニア州にいたっては、拘束、告発されたすべての人に対して、その人が有罪になるか否かにかかわらずDNAサンプルを採る、こんな州法を作った。

しからば、DNAサンプルの採取に対して修正四条の保護はあるのか[12]。じつは、最高裁はしかとした判断を示していない。いまいったようにその採取にあたっては人体への侵襲が欠かせない。とすれば、この保護は及ぶだろう。だが、容疑者の唾液はたとえばビールのマグ、あるいは煙草の吸殻、あるいは舐めた封筒からも入手することができる。このときには侵襲はない。

いっぽう、保護は及ばないという判例もある[13]。いったん犯罪をおかせば、その人の同一性は社会の関心事となり、したがってその人はプライバシーの期待をもつことができない。つまり、DNAサンプルの採取を強制できる。だがもし、その人が拘束されただけ、告発されただけの人であるときに、この論理を通せるのだろうか。問題は残る。

アラバマ州は犯罪捜査用DNAデータベースの他目的利用を許している。どんな目的かといえば、病気や障害に関する研究、検査、予防についてである。

DNAデータは指紋や顔つきなどのデータとは異なる[14]。第一に、それ自体がデジタル・データである。後者のように、まずサンプルのデータがあり、ここからテンプレートを抽出するという手順を踏むものではない。第二に、それ自体を物理的に入手しなければならない。後者のようにただちに走査して、自動処理することはできない。この点、バイオメトリクスとは違う、だからバイオメトリクスとは呼ばない、という意見もある。

科学者共同体による保証

バイオメトリクス・データにかかわる法的論議としては、つぎに、これを法廷証拠として認めることができるのか、という課題もある[15][16]。

DNA指紋法も、ジェフェリーズ以後つねに発展してきた。これにともなって、法廷もその最先端技術の受容をめぐって論戦をくり返してきた。多くの場合、論点は技術の信頼性をめぐってであった[17]。

一九八七年、ニューヨーク州で殺人事件が起きた。このときに警察は容疑者のジョセフ・カストロから腕時計を押収したが、その腕時計には血痕が付着していた。容疑者はそれを自分のものであると言い張ったが、検察はそれを被害者のものではないかと疑った。この確認のために、検察はその血痕をDNA鑑定にかけた。訴訟は結局、州の最高裁に達した。[18]

法廷は論点を三つに分けた。第一の論点。DNA鑑定の信頼性について、科学者の共同体は、これを一般的に受け入れる理論をもっているのか。第二の論点。おなじく、これを一般的に受け入れるための技術と実験は存在しているのか。第三の論点。この事件の検査組織は、サンプル解析について十分な技術をもっていたのか。この事件では、検査を民間の企業がおこなっていた。

法廷は第一、第二の論点については問題なしとした。だが、第三の論点についてはこれをよしとはしなかった。専門家は、血痕が容疑者のものでないことは間違いないが、それが被害者のものであると言いきることはできない、と判断した。

このときに、法廷はそのDNA鑑定がフライ基準を充たすか否かについてこだわった。ここにいうフライ基準とは、法廷が新しい科学的な知見を法廷証拠として扱う場合に、これをよしと認める基準であり、一九二三年にコロンビア特別区連邦控訴裁判所が示したものであった。[19] この裁判では、容疑者のジェームス・アルフォンゾ・フライがポリグラフ記録を自分の無罪証拠として使えるのか、これが問題となった。当時、ポリグラフは開発途上の技術であった。このときに控訴審は、専門家の証言は、その証言を導く物事が、その分野において「一般的に承認」されており、かつそれが確実であれば、その限りにおいて認めることができる。

という基準を示した。ここにいう「一般的な承認」とは、たとえば学会のボスから意見を聞くことを指していた。この判断は後日フライ基準と呼ばれ、不法行為から刑事事件にわたる広い範囲において参照されるものとなった。

カストロ訴訟にもどる。ここでも法廷はそうした。呼ばれた専門家は一〇人であったが、判決はそれぞれの専門家について、査読のある学術雑誌への投稿数を記録していた。その投稿数は「多数」が五人、以下、一六〇編、八〇編、六〇編、四〇編が各一人、それに「若干」が一人、と分布している。これだけの実績をもつ専門家たちの証言であれば、フライ基準は充たされるはず、と判断したのだろう。このなかには、数年後にノーベル賞をとることになるリチャード・ロバーツが、また、これも後にヒト・ゲノム計画の責任者になるエリック・レンダーが含まれていた。このときに法廷は専門家からの聴取に一二週間もかけ、五〇〇〇ページにのぼる記録もとっている。

カストロ訴訟の判決は、つぎのように明言していた。

DNA識別法には複雑性があり、それは陪審へ大きい強い影響をもつ。したがって、フライ基準による判断では十分に手をつくしたことにはならない。この型の証拠を陪審に示すにあたっては、個別の事件に使われた実際の検査手順について、事前に批判的な吟味を実施すること、この吟味を欠いてはならない。

つまり、「一般的な承認」という理解のみでは不十分、ということである。挿話を一つ。カストロ訴訟の事前打合せにおいては、検察側と被告側の意見は対立したまま、いっこうに進まない場面があったらしい。だが、法学者に退席してもらい、科学者のみになったら、双方はただちに合意に達したという。法学者はDNA識別法を完成した技術として扱い、科学者はそれを開発中の技術として理解していたためであった[20]。

脳指紋法へ

二〇〇三年、「脳指紋法」という言葉を含んだ判決がアイオワ州最高裁によって示された[21]。たぶん、この言葉が使われた最初の判例である。上訴人はテリー・J・ハリントン、被上訴人はアイオワ州政府であった。このときにハリントンが下級審の判決に対する救済を申し立てており、その下級審はハリントンを殺人犯であると認定していた。

じつは下級審において法廷に隠されていた証拠があった。それは警察による脳指紋法検査の結果であり、上訴人はこれを認めることを求めていたのであった。州の最高裁はつぎのように示していた。

この検査証拠はローレンス・ファーウェル——認知精神生理学の専門家——の証言によって作成されたものである。ファーウェルは、脳活動と脳波との関係を計測し、もしその脳波に「P300」の波形が観測されれば、これによって被検査者が特定の情報を認識していたのか否かを決定できる、と主張している。そのファーウェルはハリントンを検査し、彼の脳には殺人についての情報は含まれず、彼のアリバイと辻褄のあう情報を含んでいる、と証言している。

話が後先になったが、ここにいう脳検査とは脳指紋法を指しており、被検査者に言葉や画像を示し、これに対する脳波の反応を測定するものである。もし、その被検査者が既知の情報――たとえば殺人用の凶器――にふたたび接したとすると、その脳波はＰ３００として知られている反応を示す、という。

アイオワ州最高裁は、前記以上に踏みこんだことは何もいっていない。その最高裁は下級審の判断を差し戻しているが、それは手続上の理由によるものであり、ファーウェルの証言を信用したためではない。なぜか。

その理由は二年後にオクラホマ州刑事上訴裁判所が示すことになる。(22) こちらではジミー・レイ・スローターという男がすでに下級審において殺人犯と宣告されていたが、その彼が一審の時点では公知でなかったために利用できなかった検査法があり、それを自分の救済のために使いたい、と訴えたのであった。何がその新しい検査法かといえば、それはファーウェルの脳指紋法であった。

彼はファーウェルに頼んで自分の脳指紋を検査し、これにファーウェルの宣誓供述書を添えて上訴したのであった。法廷はこれに否定的な見解をつけてその申立てを拒絶した。その理由はつぎのようなものであった。第一、脳指紋法に関する正式な文書は提出されていない。第二、ファーウェルは、脳指紋法については多数の論文が査読つきの学術雑誌に掲載され、その検査精度は高く、現場における客観的な標準になっており、したがって科学者の共同体によって認知されていると主張しているが、その証拠はどこにもない。第三、Ｐ３００については科学者共同体は長期にわたりそれと認識してきたが、ファーウェルの検査はこれとは違う。第四、上訴人はこの検査において犯罪に関する情報を何ももっていないと主張しているが、一審において調査官の主張を聞いており、したがって犯罪にかかわる情報への反応が鈍いという検査結果は奇妙である。

こう理由を列挙したあとで、上訴審はつぎのように締めくくった。上訴人が事実として無罪であるという結論を支持するに十分な証拠はない。同時に、脳指紋法がファーウェルの方法にもとづいている限り、これがウィリアム・ドーバートの基準を充たすこともない。

ここに引用されたドーバートの基準とはフライ基準に代わるものであり、前者は後者のいう「一般的な承認」はなくとも、その証言が「専門家」によるものであれば、かつ「信頼できる基礎にもとづき、当の課題に適切なもの」であればよい、というものである。なぜこの基準ができたのかといえば、新しい科学的な知見については「一般的な承認」を求めることが困難である、という状況が生れたからである（ドーバート基準の由来をたどるのは技術史的にみても面白いが、話が逸れすぎるので省く）[23]。

脳画像化、プライバシーの透視

脳の活動をリアルタイムで測定する方法、しかもそれを可視化する方法は、コンピュータ断層撮影法（CT）によって実用になった。それは一九七一年、EMI――あのレコード会社――の開発したものであった。EMIはこのときに医学研究会議（英国）の助成を受けたが、その申請書の件名は「脳の視覚化」であったという。[24] 脳画像化技術としては、この後、陽子放出断層撮影法（PET）、機能的磁気共鳴画像法（fMRI）などがよく使われるものとなった。どちらも、脳の各部位について、それぞれの血液流を測定する技術である。血液流の増分があれば、その部位の活動が活発、ということになる。

脳画像によって示されるものは何か。脳内の活動量の分布である。ここまでは確かのようである。そのさきはどうか。[25] まず、データ主体の性格が分かるという。外向性の人は扁桃部の活動量が多い。同様に活動部位をみることで、神経質、無気力、悲観的、頑固、思いやりなどの性格判断もできる。とすれば、入学試験や採用などの場面で使われるようになるかもしれない。ただしどうだろう。同時に、心遣いのない人、責任感の弱い人などを選別するためにも使うこともできるはずだ。

つぎに、データ主体の性癖というか、思いいれというか、そうしたものが分かる。たとえば異人種と対面したときの反応。この手の検査項目としては、たとえば性的な好み、政治的な感覚、宗教的な超越性など。ついでに、嘘つきという習性をここに入れておいてもよいだろう。

こう挙げてみると、脳画像化技術による性格判断はまだ研究段階にあるといってよいかもしれない。門外漢からみると、トンデモ学かな、といった理解もないではない。法廷における判断としては、フライ基準はもちろん、ドーバート基準も充たさないだろう。とすれば、画像の扱いについては相応の注意が求められるはずである。[26][27]

ただし、この技術について確実なことがある。第一に、これが機微に触れるデータとなることである。つまり、データ主体を差別するタグになるかもしれない。第二に、今後、この技術が多様なアプリケーションの核となり、周囲にたくさんの利害関係者を作るだろう、ということである。

私はどこにいるのか？

話がトンデモ科学的になったので、図にのってもう一つ。人工知能の研究者ダニエル・C・デネットに「私はどこにいるのか？」というエッセイがある。[28]話の筋は省いて要点のみ紹介しよう。デネットは外科手術によって脳を頭蓋から取りだされ、脳とそれ以外の身体とに切断される。眼や足はとうぜんながら後者についている。もう一つ、脳と脳以外の身体とは無線通信で接続された。このときに、私は脳にいるのか、脳以外の身体にいるのか、あるいは自分がいると思っているところにいるのか。つまり「ややこしや、ややこしや。わたしがそなたで、そなたがわたし」（高橋康也）ということ。これがエッセイの主題。じつは、話の筋はさらに手がこんでおり、手術した医者はリスク回避のために脳のバックアップもとっていた。脳はもう一つあった。

このエッセイについて、これも人工知能の研究者――というよりも『ゲーデル・エッシャー・バッハ』の著者といったほうがよいか――のダグラス・ホフスタッターが素っ気ない短評をつけている。脳と脳以外の身体とが同調するという保証はない、と。

どうだろうか。デネットの脳と脳以外の身体との関係は、私たちがいま検討している本人とIDカードとの関係に、なんとも、よく似ている。現実に、本人とIDカードとは、かならずしも協調しませんね。

二一世紀になり、医療の分野においては、傷んだ人体の回復技術として、在来の臓器移植にくわえて新しい再生医療が現れてきた。前者は部品交換の技術、後者はバックアップ製作の技術、ということになる。これにともなって個人データの移転についても、あれこれと課題が生じている。その一部はすでに示した。デネットのエッセイはこれを予言していたかにもみえる。

レイマン、納得できるか

ここで整理しておきたい。情報工学、生命工学の近時の発展は、既存の法制度になじまぬあれこれの技術を実世界にもちこんでいる。たとえば、クッキー、GPS、RFIDタグ、データ・マイニング、DNA指紋法、脳画像など。これらが、プライバシー、データ保護、捜査、監視などに関する伝統的な法律の枠組みを食みだすようになった。

とうぜんながら、法律はその更新を迫られる。その更新は、かつては問題の生じるのを見究めてから、つまり誰もが理解してから、後追いの形でなされていた。だが近年、その制度更新の遅れは小さくなっている。市場の利害関係者に、技術の指し示す可能性をできるだけ早期にとりこみ、ここに機会損失の生じるのを抑えたい、という思惑があるためだろう（12章）。

この流れのなかで、法律の更新が社会の全階層の合意によってではなく、エリートの先導によって進められるようになった。こう指摘する法律家もいる[29]。法制局は近ごろ物分かりがよくなった、とある高級官僚の呟くのを、私は聞いたことがある。

いま、エリートといったが、それは専門家を指している。ここには行政の専門家、法律の専門家、そして技術の専門家を含む。専門家とレイマンとは、多くの場合、異なる理解の枠組をもつ。レイマンはプライバシー保護を多様な脈絡のなかで考える。あるいはヘイト・メールを浴び、あるいは非通知通話に当惑し、あるいはクッキーにうとましさを感じ、あるいは監視カメラに慣れかけている。いずれもプライバシーにかかわるので、これらに対する共通の規範が欲しい。

いっぽう、専門家はこれらを細ぎれにして扱う。このあたりの乖離について、私たちの社会は双方をつなぐためのシステムをまだもっていない。パブリック・コメント、あるいはコンセンサス会議、あるいは専門家集団によるコードの制定など、あれこれと試みられてはいるが(30)。

文献

(1) ホルヘ・ルイス・ボルヘス(牛島信明訳)『ボルヘスとわたし：自撰短編集』筑摩書房、二〇〇三(原著一九五六)
(2) 瀬田季茂『科学捜査の事件簿：証拠物件が語る犯罪の真相』中央公論社、二〇〇一
(3) 瀬戸洋一「バイオメトリクス」『技術と経済』四五八号、六六—七九頁、二〇〇五
(4) 三村昌弘「制度評価の方法と標準化の動向」：瀬戸洋一編『ユビキタス時代のバイオメトリクス・セキュリティ』日本工業出版、四九—七五頁、二〇〇三
(5) Lauren D. Adkins 'Biometrics: Weighing Convenience and National Security against Your Privacy'

"Michigan Telecommunications and Technology Law Review" v. 13, p. 541-555 (2007)

(6) 410 US 1 (1973)

(7) Margaret Betzel 'Biometrics : Privacy Year in Review : Recent Changes in the Law of Biometrics' "A Journal of Law and Policy for the Information Society" v. 1, p. 517-541 (2005)

(8) Francis Fungsang 'Government Information Collection : U. S. E-Passports : Recent Changes Provide Additional Protection for Biometric Information Contained in U. S. Electronic Passports' "Journal of Law and Policy for the Information Society" v. 2, p. 521-546 (2006)

(9) Ben Quarmby 'The Case for National DNA Identification Cards' "Duke Law & Technology Review" 2003, p. 2f (2003)

(10) 494 US 259 (1990)

(11) 村井敏邦「刑事事件におけるＤＮＡ鑑定の問題状況」『法律時報』65巻2号、一五—二四頁、一九九三

(12) Rudy Ng 'Catching up to Our Biometric Future : Fourth Amendment Privacy Rights and Biometric Identification Technology' "Hastings Communications and Entertainment Law Journal" v. 28, p. 425-442 (2006)

(13) 379 F. 3d 816 (2003)

(14) 新保史生「個人情報保護に基づくバイオメトリクスの利用」『情報メディア研究』4巻1号、五六—七六頁、二〇〇五

(15) 田淵浩二「ＤＮＡ鑑定の証拠能力」『法律時報』65巻2号、四一—四七頁、一九九三

(16) David H. Kaye 'The Science of DNA Identification : From the Laboratory to the Courtroom (and Beyond)' "Minnesota Journal of Law, Science & Technology" v. 8, p. 409-427 (2007)

(17) 山内春男「ＤＮＡ鑑定の法医学的検討」『法律時報』65巻2号、三五—三九頁、一九九三

（18） 545 N. Y. S. 2d 985 (1989)
（19） 293 F. 1013 (1923)
（20） Roger Levin（野本陽代訳）「ＤＮＡ指紋法の波紋」『科学』60巻1号、五二―五五頁、一九九〇
（21） 659 N. W. 2d 509 (2003)
（22） 2005 OK CR 2
（23） 名和小太郎「科学者の法廷証言」『情報管理』48巻5号、二九五―二九六頁、二〇〇五
（24） 美馬達哉「病者の光学」『現代思想』33巻2号、九八―一一四頁、二〇〇六
（25） Steve Olson 'Brain Scans Raise Privacy Concern' "Science" v. 307, p. 1548-1550 (2005)
（26） Committee on Science and Law 'Are Your Thoughts Your Own ?: "Neuroprivacy" and the Legal Implications of Brain Imaging' "CBA Record" v. 60, p. 407-436 (2005)
（27） マイケル・Ｓ・ガザニガ（梶山あゆみ訳）『脳のなかの倫理』紀伊國屋書店、二〇〇六（原著二〇〇五）
（28） Ｄ・Ｃ・デネット「私はどこにいるのか？」：Ｄ・Ｒ・ホフスタッター、Ｄ・Ｃ・デネット編（坂本百大訳）『マインズ・アイ：コンピュータ時代の「心」と「私」(上)』ＴＢＳブリタニカ、三二一―三四三頁、一九八四（原著一九七八）
（29） 牧野二郎『個人情報保護はこう変わる：逆発想の情報セキュリティ』岩波書店、二〇〇五
（30） 名和小太郎・大谷和子編『ＩＴユーザの法律と倫理』共立出版、二〇〇一

III イノベーションとともに

コンピュータを核とするイノベーションは、あらゆる分野の業務において、既存の秩序を解体し、それを再構成してきた。これにともなって既存の業務に結びついていたプライバシー保護の制度も、その解体と再構築とを余儀なくされている。これがⅠ～Ⅱ部でたどってきたことである。

このイノベーションによる既存制度の解体と再構築という理解のなかで、まず、現状を見直し、つぎに、これを近未来へと外挿してみたい。これが第Ⅲ部の狙いとなる。この見直しと外挿にあたっては、これを非専門家の眼で確かめてみたい。なぜ、非専門家の眼というのか。専門家の方法では、つまり論点をこと細かく詮索するという部分最適の方法では、この課題をさらに紛糾させるだけ、と考えるからである。

11　巨大システム 対 データ主体

「一つの政策、一つのシステム、ユニバーサル・サービス」という理念がある。これを実現したシステムは、個人ユーザーを徹底して管理できる。監視もできる。だが同時に、個人ユーザーにその監視機能をサービスすることもできる。しかもそれを個人にあまねく等しく分配し、ユーザーから信頼をうることもできる。このようにして大規模システムとユーザーとの関係は文脈依存的となる。

ユーザーが監視システムに対抗するための手段として匿名という方式がある。この匿名を実現するための道具としてセキュリティ技術がある。その匿名化にせよ、セキュリティ技術にせよ、その効用はこれも文脈依存的である。

一望監視システム

「偉大なる兄弟」とは、周知のようにジョージ・オーウェルがその『一九八四年』（一九四九年）に示した人物像である。この人物は、テレスクリーンという監視装置を駆使し、ニュースピークという人工言語を公用語にして、その独裁的な支配を実現する。(1)

ミシェル・フーコーは、その『監獄の誕生』（一九七五年）において、中央に監視塔を設け、その周囲に独房を円形に配置するパノプティコンという構造物——哲学者ジェレミー・ベンサムによる考案——を紹介している。[2] こちらのシステムは、囚人を個人べつに分断する機能と、その囚人の情報発信を抑圧する機能とをもっている。したがって、それは性能対価格比のきわめてよい監視装置となる。以下「一望監視システム」という言葉で、このオーウェル型あるいはフーコー型の監視システムを指すこととしたい。

いま、ここに誰かがおり、その人が自分のデータについて流通制御権（4章）を行使したい、と考えたとしよう。このときに、その人は、その社会の全域に対して監視の眼を及ぼさなければならない。このためには、なんらかの形で一望監視システムの力を借りなければならない。その人は、自分のデータが、どこに流れたのか、誰によってアクセスされたのか、誰によって利用されたのか、一望監視的なシステムがあれば、これを追跡することができる。フーコーは監視塔の監視人は権力者であっても、単なる個人であってもよい、誰でもこの一望監視システムを管理できる、と語っている。とすれば、一望監視システムは、独裁者「偉大なる兄弟」にとっても、自己データの流通制御を求める個人にとっても、役立つ。このシステムは両用性（8章）をもつ。

技術分野にも一望監視システムはある。それはかつての電話ネットワークである。米国の電話会社AT&Tはその電話サービスをみずから「一つの政策、一つのシステム、ユニバーサル・サービス」

というスローガンで呼んだ。(3)「一つの政策、一つのシステム」は自明として、「ユニバーサル・サービス」とは、どんなユーザーに対しても、どこにいるユーザーに対しても、同一水準のサービスを同一料金でおこなう、という理念を指していた。これを日本電信電話公社は「あまねく等しいサービス」と翻訳した。

「一つの政策、一つのシステム」の言葉が示すように、ユニバーサル・サービスは一元的な管理によってはじめて実現するものであった。この環境のなかで「電話会社→ユーザー」の「管理」が貫かれ、「ユーザー→電話会社」の「信頼」が生れる。

ここで一望監視システムのもつ「一つの政策、一つのシステム」の特性をよしとすれば、電話会社はその独占的な地位を濫用して盗聴もできる。監視もできる。これが一つの側面となる。だが同時にその一望監視システムは、「あまねく等しい」の特性ももっている。こちらを立てれば、ただの個人であっても、こんどは自分が「一つの政策、一つのシステム」の高みに立つこともできる。たとえばコーラーIDを導入して迷惑電話の送信者を追跡することができる（5章）。これがもう一つの側面となる。

後者に注目すれば、データ主体は電話ネットワークという一望監視システムを使って、自己データの流通制御権を行使できるはずである。くり返せば、その一望監視システムは誰に対しても「ユニバーサル・サービス」として提供されるものでなければならない。

通信分野における電話ネットワークに相当するものを情報システムの分野で探すとすれば、それはかつての大型汎用コンピュータ——メインフレーム——ということになる。

まず、それは高価であった。私が一九七〇年に付き合っていたコンピュータは、月額一二四六万円の使用料を支払っていた。したがって第一に、システムの運用責任者は、そのシステムをアイドリングのないように、つまり、ここにつねにジョブを一〇〇パーセント詰めこんで運用しなければならなかった。ということは、このシステムのユーザーのすべての挙動について、これを監視しなければならなかった。

第二に、それがきわめて高価であるために、特定者のみが利用することのできるものであった。ほとんどの企業は、そしてすべての個人は、そのユーザーになることができなかった。したがって、外部からこのシステムへのアクセスを試みようとする不特定者はそもそも存在しなかった。

ということで、通信においては電話ネットワークが、情報システムにおいてはメインフレームが、当時は、データ管理について十分な支配力をもっていた。だが、電話についてはインターネットが、メインフレームについてはパソコンが、その支配力を奪ってしまった。[4] このときに一望監視システムは情報通信の分野から退場したのであった。つけ加えれば、通信でAT&Tの担った役割を、情報システムにおいてはIBMが果たしていた。

タールのなかの恐竜

『人月の神話』（一九七五年）という本がある。[5] 著者はフレデリック・P・ブルックス・ジュニアである。この人は最初の汎用コンピュータ——IBMシステム／360——に対するオペレーティング・システム——基本ソフトウェア——の開発責任者であった。

この本のメッセージはその表紙に示されていた。そこにはタールの沼に脚をとられて身動きできない恐竜が描かれていた。その恐竜は大規模システムを、また、タールの沼はソフトウェアを象徴していた。つまり、ブルックスのいいたかったことは、大型システムは、これにかかわるソフトウェアによってその挙動が鈍くなる、という事実であった。なぜソフトウェアがその原因になるかといえば、大規模システムのソフトウェアには、大勢のプログラマーが関与するから、という認識にあった。

ブルックスの予言は的確であった。大規模システムには、多数の利害関係者——開発側も利用側も——がかかわる。それら関係者の多様な要求がタールのようになってシステムにまつわりつき、当のシステムの挙動を、つまり恐竜の動きを鈍くしてしまう。

このブルックスの説を祖述しよう。大規模システムは巨額の開発費をかけている。くわえて、その保守の費用も膨張しがちである。その元手をとらなければならない。したがっていったん動かすと、おいそれと止めることはできない。その動きは自己目的化してしまい、陳腐化しつつも長寿命になる。

もう一つ。大規模システムには欠陥の潜在するリスクが高い。その欠陥は、多くはソフトウェアのバグによって、あるいは関係者による誤作動によって生じる。しかもそのいずれもが、ほとんどの場合、システムの変更時点に表面化する。これに対する懸念と危惧とが、システムの更新や進化を封じこめてしまう。


とすれば、一望監視システムについて語るべきことは二つになる。その一。両用性がある。それはもちろん「偉大なる兄弟」にも仕えるが、上手に使えばデータ主体にも役立つだろう。その二。それが設計通りの性能をもつのは開発直後の短い期間にすぎないはずである。それは陳腐化しやすいから。陳腐化しやすければ、そのシステムは見かけ倒しになる確率は高い。たとえばエシュロン（6章）はその例になりかけているのかもしれない。

二一世紀初頭、私たちの社会には、少数の公的所有の監視システムが存在している。いっぽう市場には多数の部分最適、短寿命のシステムが溢れている。この視点でみると、オーウェルのテレスクリーンもフーコーのパノプティコンも、ともに公的所有の監視システムに注目しているにすぎない。オーウェルもフーコーも、その理解のなかに後者の無秩序な市場システムを組みこんでいない。

「偉大なる兄弟」的なシステムと市場に溢れている小型かつ短寿命のシステム群とは、たがいに影響を与えているのかいないのか、与えるとすればそれはどんな影響か、私たちはこれを確認しなければならない（15章）。

匿名の文脈依存性

ここまではシステムの側から「一つの政策、一つのシステム、ユニバーサル・サービス」をみてきた。以下、これをデータ主体の側からみよう。

まず、データ主体がいる。その人が監視システム（以下、システム）のもとにあるとしよう。その人はシステムの支配を拒むことはできるのか。その方法は。このときに、その人は自分を隠すために

「匿名」という手段を使うことができる。

一九九五年、連邦最高裁は、オハイオ州法を米国憲法修正一条違反であると示した[6]。オハイオ州法は政治的言論の匿名による配布を禁じていたのであった。修正一条は「言論の自由」を保障した条項である（3章）。その判決はつぎのような判断を示していた。

その動機づけが何であれ、少なくとも言語による努力の領域では、匿名の作品を思想の市場へ入れるという利益は、その市場に入れる条件としてアイデンティティの開示を要求する公共利益を疑問の余地なく凌駕する（藤田康幸訳）。

ここでは匿名者の対するものが政治的な党派になっている。だが、政治的な党派に替えて、ここに一望監視システムをあてることもできるだろう。

ところで匿名性とは何か[7]。二つの型がある。まず、相手の存在は確認できるが、その相手を、誰と、一人にしぼりこめない場合の匿名性。これを非連結性という。また、相手の存在を、この先にあり、と踏みこんで追跡できない場合の匿名性。こちらは非観察性という。

ここで公正な一望監視システムと不公正な一望監視システムがあるとしよう。何をもって公正とするかであるが、ここでは常識にしたがうことにする。つぎに、ここに善意の個人と悪意ある個人とがいるとしよう。ここでも善意と悪意との定義は常識にしたがう。この環境のなかで匿名が有効となるのはどんな場合か。

まず、善意の個人の場合について。アクセスの対象が公正なシステムであれば匿名の必要はない。ユーザーはそのシステムになんらかのサービスを求めているはずである。自己データはパスワードとして、あるいはトークン（14章）として使われる。とすれば、匿名は必要ない。ここで匿名に扮すれば、その人は正当な利益を失う可能性がある。

もし、このときにアクセスの対象が非公正なシステムであれば、匿名をよしとせざるをえないだろう。そのシステムは、個人データを当人への制御用タグ（これも14章）として使う可能性が大きいからである。この場合、そのシステムによる制御は本人には望ましくないことが多いだろう。

システムの側からみると、匿名のユーザーに対しては、その非連結性あるいは非観察性のために、サービスはもちろん、監視も制御もままならない。匿名によってそのユーザーの個人データの効用は、トークンとしても制御用のタグとしても劣化するはずである。したがって、善意のユーザーが非公正なシステムによって監視あるいは制御される場合には、匿名は自衛のための手立てになる。

なお、システムが公正であっても善意のユーザーにとって匿名が不可欠の場合がある。たとえば、思想信条にかかわる選挙投票において。このときに、ユーザーは自分のアクセス・データが逆探知のための制御用タグとして使われるリスクを避けることができる。

つぎに、悪意あるユーザーについてはどうか。かれは公正なシステムに対しては、捕捉を免れるために匿名を通すだろう。非公正なシステムに対しても、やはり匿名を通すだろう。かりに、そうしたシステムと結託したり、それを利用したりする場合があったとしても。かれらは匿名であることをよしとし、ここに隠れて、誹謗、中傷、あるいは虚偽、欺瞞などという行為に走るだろう。

ということで、匿名という行為はきわめて文脈依存的である。善意のユーザーであっても、匿名によって得るものもあり失うものもある。くわえて、悪意のユーザーと同一視されるリスクもある。

秘匿と公開の連鎖

匿名を確保するための道具が暗号技術である。たとえば、自分の個人データを特定の相手に対してはトークンとして使いたいが、その個人データを第三者に対しては隠したままで置きたい、という場合がある。ATMから預金を引きだすときに、あるいは友人に私信をだすときに。この場合には、相手と自分のあいだだけで通用する合言葉、パスワードのたぐいが必要となる。問題は、この合言葉をどのようにして決めたらよいのか、という点にある。事前に相手に面接し、ここで直接、相談できれば申し分ない。だがこれは、つねになしうることではない。

そこでだれか、信用の置ける第三者的な組織に仲介してもらい、その組織に自分の合言葉なりパスワードを寄託し、自分と連絡を求める人にはそこに問い合わせてもらう、こんな仕組みが必要となる。このような機能をもつ組織を認証機関と呼ぶ。この組織はいかなる場合にも誤ることなく対応できなければならないが、これを支えているのが現代の暗号技術である。認証機関は個人べつに暗号の鍵を管理し、これを合言葉に代えて発行する任務をもつことになる。

その暗号技術であるが、それは矛盾した要求を課せられた技術である。というのは、利用されるためには、その技術が信用されなければならない。信用されるためには、その技術が安全であるとユーザーに納得されなければならない。納得されるためには、その技術の中身が公開されなければならない。だが公開すれば、暗号破りを図る人びとに手の内を明かすことになってしまう。秘匿のためには公開しなければならない。その公開をすれば秘匿ができない。この連鎖を逃れることはできない。

この連鎖を「現代的な」暗号技術はなんとか切り抜けている。この暗号の解読は現実には不可能に近い、たとえそれが可能ではあっても、と相手に思い知らせることによって。ここに「現代的な」といった意味がある。

たとえば、DESという暗号があった。これは一九八一年に金融機関が使い始めた。その暗号の組合せは、'72, 057, 594, 037, 927, 936' 通りあり、この鍵を盗もうとすれば、その人はこれだけの組合せのなかから特定の数字列一つをこれと選ばなければならなかった。当初の設計者は、この暗号方式は一五年間は実用に耐えると踏んでいた。そのDESは一九九七年にいたり解読され、米国標準から外された。この間に、コンピュータの演算速度に大きな進歩があったためである。

いま、いいかけた認証機関であるが、この組織は公正でなければならない。もし、この公正性が保証されなければ、だれも、この組織に自分の暗号鍵を寄託することはないだろう。だが、問題は残る。かりに公正であっても、その組織は個人に対しては優越的な位置に立つことになる。これによって、「偉大なる兄弟」的な役割を演じることは可能である。ということで、暗号技術にも、じつはその土台に一望監視システムが隠れている。

だから権力者は暗号技術をなんとか独占したい。その社会への普及には歯止めをかけたい。米国では国家安全保障局（ＮＳＡ）がこの役割を担ってきた。このＮＳＡと暗号技術者、暗号のユーザーのあいだにはさまざまの訴訟がくり返されてきた。ここで分かったことは、ＮＳＡの'No Such Agency'あるいは'Never Say Anything'といった体質であった。

クリントン政権は、一九九〇年代を通じて、暗号技術の標準化とその国家管理とを狙い、その実現をくり返し試みた。その試みをクリッパー構想という。ただし、その三回目の試みがやっと成功したときには、暗号技術は篤志家によって、そして事業者によって拡散していた(8)。

篤志家の一人に暗号研究者のディヴィッド・チャウムがいた。かれは一九八五年に「ＩＤなしのセキュリティ：偉大なる兄弟を時代遅れにする取引システム」という論文を発表した(9)。ここでは「偉大なる兄弟」に目隠しをする方法が提案されていた。

篤志家をもう一人、それはプログラマーのフィリップ・ツィマーマンであった。かれは一九九一年にプリティ・グッド・プライバシー（ＰＧＰ）という暗号方式を発表した(10)。これは「友達の友達は友達」という発想のもとに、ユーザーが連携して認証機関の役割を果たそうという方式であった。ここではユーザーが「偉大なる兄弟」の役割を奪ったことになる。米国の法執行機関はツィマーマンにあれこれと圧力をかけたが、ＰＧＰのインターネットへの流出をとどめることはできなかった。

改めていう必要もないかと思うが、暗号技術にも両用性がある。それは法令遵守のユーザーにも、悪意あるユーザーにも、法執行機関にも、テロリストにも役立つ。ただし、もっとも恩恵をうけた関係者は暗号事業者であったかもしれない。かれらは暗号技術の輸出に事業機会を求め、その拡散にもっとも寄与したのであった。

セキュリティに関する注

ここでデータ主体の利害関係者に対する関係を整理しておこう。このときにデータ主体の利害関係者は、第一に正当な取引相手たとえば銀行、第二に善意の第三者たとえば通信販売事業者、第三に悪意の第三者たとえば詐欺師、第四に是非をいうことのできない法執行機関、ということになる。

データ主体は、相手に対して、どこまで自己データを開示すべきなのか、これを相手によって使い分けなければならない。正当な取引相手も善意の第三者も、データ主体のデータの開示について、それぞれの立場に応じて、その使い分けを図らなければならない。ここにいう使い分けの手順をセキュリティという(11)(12)。

「セキュリティ」という概念がコンピュータの分野で使われるようになったのは、一九六〇年代になってからである。たとえば、ランド――米国空軍のシンクタンク――は「コンピュータ・システムに対するセキュリティ管理」という論文――一九六七年に機密解除――でこの概念を定義している(13)。ここではセキュリティを、第一にコンピュータに格納された秘匿情報を保護すること、第二に同一システムを使う複数のユーザーが互いに干渉を与えることがないこととして示し、あわせて、後者がプライバシー保護にかかわると注釈している。このあたりに、コンピュータ・システムに関するセキュリティの原義がある。

時代をとばして一九九二年、ＯＥＣＤは「情報システムのセキュリティに関するガイドライン」を発表した。この文書は、セキュリティの目的として、

情報システムがその利用可能性、機密性、完全性に故障を生じ、その故障が危害を引き起した場合、この情報システムに依存する人びとの利益を、上記の危害から保護すること。

と定義していた。これが、この後、この分野においてつねに引用されるものとなった(14)。つけ加えれば、利用可能性とは、当のデータへのアクセスと利用とが、決められた手順で適時にできること、機密性とは、当のデータの開示が、正当と認められた人間に、正当と認められた時刻と手順によってなされること、完全性とは、当のデータがつねに正確かつ完全に維持されること、こうした意味をもつものとして定義されている。

ここで個人データ保護にもどれば、その個人データは、それが本人の手の内にあろうと本人以外の手にあろうと、その利用可能性、その機密性、その完全性はつねに保証されなければならない。このようにたどると、個人データ保護という概念とセキュリティという概念とが背中合わせの関係になっていることに気づく。

専門家ではなく曲芸師が

クリントン政権がクリッパー構想にうつつを抜かしていたときに、全米科学財団は『情報社会の安全に関する暗号の役割』という分厚い報告書を発表した[15]。その扉に輪投げをしている曲芸師の写真がある。その輪は七つあり、そのそれぞれに、諜報収集、電子的監視、経済的競争力、情報犯罪防止、技術的先導性、国家安全保障、そして市民的自由と書かれている。プライバシーは最後の市民的自由の一要素にすぎない。

プライバシーは、そしてセキュリティは、そして匿名化は、このように諜報収集、電子的監視、経済的競争力、情報犯罪防止、技術的先導性、国家安全保障との脈絡のなかで理解されなければならない。そして、これらの諜報収集、電子的監視、……、国家安全保障のそれぞれが、一望監視システムとなんらかのかかわりをもっているのである。

これらの課題をこうした視野のなかで扱うためには、それこそ曲芸師のように、あれこれの課題を手玉にとらなければならない。そうした離れ業が求められる。ちなみに、この写真のモデルになった曲芸師は全米科学財団の全米暗号政策委員会のメンバーであり、かつ国際曲芸協会の前会長であった。つまり、単なる専門家ではなかった。

文献

(1) ジョージ・オーウェル（新庄哲夫訳）『1984年』早川書房、一九七二（原著一九四九）

(2) ミシェル・フーコー（田村俶訳）『監獄の誕生：監視と処罰』新潮社、一九七七（原著一九七五）

(3) 林紘一郎・田川義博『ユニバーサル・サービス：マルチメディア時代の「公正」理念』中央公論社、一九九四

(4) 名和小太郎『変わりゆく情報基盤：走る技術・追う制度』関西大学出版部、二〇〇〇

(5) F・P・ブルックス・Jr.（山内正弥訳）『ソフトウェア開発の神話』企画センター、一九七七（原著一九七五）

(6) 514 U. S. 334 (1995): 藤田康幸「匿名の表現の自由とインターネット」『法とコンピュータ』18号、七三―七八頁、二〇〇〇に引用

(7) 大谷卓史「インターネットにおける匿名性はいかに正当化されるか?」『吉備国際大学政策マネジメント学部研究紀要』3巻、四三―五八頁、二〇〇七

(8) Kenneth W. Dam & Herbert S. Lin eds. "Cryptograpy's Role in Securing the Information Society" National Academy Press (1996)

(9) David Chaum 'Security without Identification: Transaction Systems to Make Big Brother Obsolete' "Communications of the ACM" v. 28, n. 10, P. 1030-1044 (1985)

(10) Philip Zimmermann 'Pretty Good Privacy: Lance J. Hoffman ed. "Buiding in Big Brother", Springer-Verlag, p. 93-107 (1994)

(11) NTTデータ技術開発本部システム科学研究所編『サイバーセキュリティの法と政策』NTT出版、

二〇〇四

（12）9章（1）

（13）Willis H. Ware "Security Controls for Computer System" RAND, R-609-1 (1970)

（14）堀部政男「ＯＥＣＤの情報セキュリティ・プライバシー関係専門家会合の活動とガイドラインの策定：ＷＰＩＳＰ副議長としての経験から」『情報公開・個人情報保護』18巻、五―一一頁、19巻、五―一二頁、二〇〇五

（15）上記（8）

12　法律から技術標準へ

法制度は、時代を越え、安定な形を維持していくものと理解されてきた。だが最近、この理解は揺らいできた。とくにプライバシー保護制度について。その実体は、数十年前に個人データ保護という枠のなかに組みかえられたが、二一世紀初頭、べつの新しい形へとさらなる移行を促されている。その移行は、現在、対症療法的に、試行錯誤的に、あるいは当座凌ぎ的に、そして場当たり的に進められている。法制度はデファクト化しつつある。

十分な水準の保護措置

欧州連合（EU）は、理念の普遍性を信じ、個人データの保護を真っ正面に掲げ、これを法律でがっちり固めることを狙ってきた。これを実現するために、公的部門と私的部門とを問わず同一の法律で規律するという制度を築いてきた。

いっぽう米国は、問題解決の有効性に賭け、プライバシー保護を事業者の自主規制にまかせてきた。もしその自主規制が不十分であれば、それを訴訟——差止請求や損害賠償請求——で救済する。その救済の頼りにする法律が不十分であれば、その分野のアプリケーションに限って新しい法律を設ける。ここにはアプリケーションの有効性とデータ保護の実効性とを市場の特質にあわせて両立させたいという判断が組みこまれている。

ここで注を一つ。EU諸国の方式を理念重視型、米国の方式を機能優先型と呼ぶことができる（6章）。ついでにいえば、EU諸国では「個人データ保護」と呼び、米国では「プライバシー保護」と称している。じつは、いま言ったように、前者は人権としてのプライバシー理念を重んじており、後者はデータの流通制御という発想を基礎にしている。つまり、言葉と実体とのあいだに捩れがある。

EUの立場から確認していこう。一九九五年、EUは「個人データ処理に係わる個人の保護及び当該データの自由な移動に関する指令」（以下、個人データ保護指令）を採択した[1]。EU諸国は、その市場統合のために、それぞれの法制度を調和する必要があるが、そのための指針となる文書をEU指令と呼ぶ。

個人データ保護指令は、そのその第一条において、

構成国は、個人データの処理に関して、自然人の基本的な権利および自由、特にプライバシーの権利を保護しなければならない。

と、自然人の基本的な権利を掲げていた。翌々年、EUは「電気通信分野における個人データ処理お

よびプライバシー保護に関する指令」を採択した。こちらでは法人の利益も保護している。

個人データ保護指令は「個人データに関する個人の保護のために不可欠な要素」として、加盟国に、第一に政府とは独立した監視機関を置くことを求め、第二にそこにつぎの権限を与えよと示している。

1　調査の権限。たとえば（データ）処理の主題となるデータにアクセスする権限。また監視義務の実行に不可欠なすべての情報を収集する権限。
2　介入の効果的な権限。たとえば、……、データの遮断、消去、破壊を命じる権限、（データ）処理に一時的または確定的な禁止を命じる権限、……
3　本指令に準拠した国内法に違反があった場合、訴訟を起こし、この違反を司法当局に通知する権限（二八条）。

個人データへのアクセスや利用について、それらが適法になされているのか、そうではなくて脱法的あるいは違法になされているのか、これを第三者の立場で確認する仕掛けが必要である。また、その仕掛けは透明でなければならない。これが上記の監視機関が求められた理由である。

個人データ保護指令は「第三国への個人データの移転」を禁止する条項（以下、越境条項）を含んでいた。

個人データの第三国への移転は、……、その国が十分な水準の保護措置を確保する場合に限って行うことができる。

ここにある「十分な水準の保護措置」という文言が米国企業を刺激した。彼らはこの文言を、彼らの欧州市場への参入を阻む非関税障壁として意識したのであった。

米国企業の立場は、発表の時期は個人データ保護指令に遅れたが、一九九七年に米国政府の発表した「地球規模の電子商取引の枠組み」という文書に示されている。この文書は電子商取引について、民間セクター主導、不必要な規制の回避、予見可能かつ最小限な法的環境の支援と執行、インターネットの非集権的特性の認識、世界規模の促進、という原則を示していた。どれも越境データ流通の促進を図るものであった。

EUからみれば、米国の法制度には漏れがあり、その自主規制には強制力がなく、したがって米国のシステムは越境条項にいう「十分な水準の保護措置」には達せずという評価になった。だが米国は、そしてEUも、電子商取引については相互乗入れに利益ありと認めていた。この結果、二〇〇〇年に「セーフ・ハーバー・プライバシー原則に関する協定」（以下、セーフ・ハーバー協定）が結ばれた。注記すれば、一定の要件を充たせば法的な効力をもつ仕組みをセーフ・ハーバーと呼ぶ。

このセーフ・ハーバー協定は、米国流の自主規制方式をEU型の包括的かつ強制的な方式に組みこんだものである。(2) まず、米国の事業者はみずからの保護措置が個人データ保護指令の基準に合致することを自主的に証明したうえで商務省に上記セーフ・ハーバーへの加入を申請する。商務省は出願企業のリストをＥＵに示す。ＥＵの事業者はリスト上の米国事業者に個人データを移転することができる。もし、米国の事業者がＥＵの基準を破れば、その事業者は米国の連邦取引委員会法によって制裁を受ける。その連邦取引委員会法は虚偽的な、また欺瞞的な商取引を禁止している。この制度のもとでは米国企業はＥＵの制度を守るはず、こういう目論見であった。

セーフ・ハーバー協定は、個人データの他人への移転について、また、多目的利用について、ユーザーに選択の機会をオプトアウト（3章）で与えるべしと示している。くわえて、その個人データが機微に触れる場合には、それをオプトイン（これも3章）とすべし、と定めている。一つの考え方であろう。

スウィフト紛争

まず、スウィフト（ＳＷＩＦＴ）について。これは「世界銀行間金融データ通信」という組織名、あるいはシステム名の略称である。この協会は一九七三年に設立されたベルギーの非営利法人であり、そのシステムは特定業界用のコンピュータ・ネットワークとして先駆的なものであった。二〇〇六年時点では、二二〇〇社によって所有され、七八〇〇社によって利用されていた。

スウィフトの中核には「ＦＩＮサービス」があり、ここでは顧客送金、銀行間付替、外国為替、取立、有価証券、シンジケーション、信用状、トラベラーズ・チェックなどに関するメッセージ通信がおこなわれていた。一言、注意すれば、これらの業務は銀行業務そのものではなく、それを支える通信サービスである。このサービスをめぐって問題が生じた(3)。

二〇〇六年六月二三日、『ニューヨーク・タイムズ』はその第一面に「銀行データが米国によって内密に転送される、テロ封鎖のため」という見出しを掲げた(4)。本文は三九〇七語、関係者への取材、関連法規の解説などを含む周到な記事であった。

九月一一日事件の後、ブッシュ大統領は「テロとの戦争」を宣言し、大統領令一三二二四号を発令していた。それは財務省に「国の内外において、テロリストとその支援者を特定、追跡するために、適切なすべての方法」の利用を認めるものであった。財務省はこれを実行するための計画を二〇〇一年に設けた。それが「テロリスト資金追跡計画」(TFTP)であった。

財務省はTFTP実行のためスウィフトに接触し、その顧客データベースへのアクセスを秘密裏に認めさせた。財務省の後には中央情報局が控えていた。このアクセスは資金の流れを追跡することにより、テロリストを暴きだそうとするものであった。

スウィフトはベルギーに本拠をもつ組織であったが、財務省の要求が通ったのは、データベースのミラー・センター――事故対策用として二重にもつデータベース――が米国内に設置されていたためである。財務省のこのひそかな要求にはスウィフトの首脳も同意した。この情報は、その後、主要一〇か国の中央銀行――日本も含む――にも内密に伝えられていた。以上が『ニューヨーク・タイムズ』の記事の骨子である。

この記事は米国内に激しい論議を引き起こした。すでにブッシュ政権はTFTPによってテロリストを炙りだすと公言していた。ただし、スウィフトを支配下においてこの作戦をおこなっていることについては黙っていた。これが暴露されたことになる。

ブッシュはただちに反応した。「誰にも漏洩を許さない。どんな新聞にも印刷を許さない」。議会もこれに応じ、ジャーナリストの行動はテロリストに対する利敵行為であると決議した。そこにはプライバシー保護や個人データ保護への言及はほとんどなかった。

ＥＵおよびＥＵ諸国の行政府は財務省とスウィフトの行動に強い不快感を示した。すでにＥＵには個人データ保護指令があったからである。その二九条作業部会は、さっそくスウィフトの本拠にのりこんで調査を始め、一一月末に報告書をまとめた。こちらは個人データ保護に焦点をしぼったものであった[5]。その二九条作業部会とは、個人データ保護指令二九条の定めた「個人データの保護にかかわる個人の保護に関する作業部会」を指している。これは独立委員会であり、加盟国の政府に助言できることになっていた。

財務省はスウィフトのデータにアクセスするに当たり、「行政的な令状」（後述）と称するものを発行し、これで米国内における個人データ保護にかかわる法的な手順を踏んだと主張した。ただし、スウィフト宛の行政的な令状については、特定の誰のデータと名指したものではなく、「ｘ」国からの「ｙ」日におけるデータすべて、といった表現になっていた。「ｘ」は数か国に、また「ｙ」は数週間にわたることもあった。この型の令状が調査時点で六四回も発行されていることも分かった。ちなみにスウィフトの処理したデータ量は、二〇〇五年において二五億通、うち四億六七〇〇万通は米国宛であった。

　スウィフトから財務省にデータを流すにあたっては、まず双方のあいだに「ブラックボックス」を設け、前者はここに要求されたデータを送り、後者はこれを自由に使う、という方法がとられていた。つまり、米国政府がスウィフトのデータベースに直接アクセスすることは形式的に避けられていた。ただし、ブラックボックス内にあるデータの所有権は財務省にあるとされていた。

　二九条作業部会は結論を示した。第一、ベルギーの「個人データの処理に係わるプライバシーの保護に関する法律」は個人データ保護指令のもとに入る。第二、スウィフトはベルギーの上記データ保護法のもとに入る。第三、スウィフトの行為はベルギーのデータ保護法を侵害している。

　スウィフトのどんな行為が侵害になるのか。第一に、財務省への個人データの移転が秘匿され、透明性を欠いていること。第二に、それがシステム的な方法で、大量かつ長期にわたって継続していること。第三に、それが法的な根拠もなしに、また公的な独立したデータ保護機関による管理も受けることなしに、実行されていること。この三点であった。これらの三点はいずれも個人データ保護指令によって禁止されていた。以上が二九条作業部会の示したことであった。

　この委員会はスウィフトの行動を批判したが、財務省に対しては直接的な、いかなる注文もしなかった。この点は注意しておいてよい。つまり、現状追認という以外には現実解はなかった、ということであった。

　肝心のスウィフトはどう対応したのか。問題発覚の直後には「コンプライアンス政策に関するスウィフト声明」なるものを発表し、そのまま静観を続けていた。[6] だが『二九条作業部会報告』に対しては強く反撥した。[7] その一、国際的に活動する企業にとっては法的な確実性が不可欠であるが、それはEU政府と米国政府との対話によってのみ得られるはずである。その二、私企業は法律を遵守することはできるが、国の政策を主導することも、くわえて法令遵守を他者に強制することも、いずれもできない。

じつはEU側もスウィフトに圧力をかけていたらしい。米国に置いたデータベースを欧州にひきあげよ。データを暗号化して、米国に読まれないようにせよ。現在のシステムは安全ではないと銀行に通知すべし。とは言いながらも、これをスウィフトが受けいれる見込みはさらさらない、と判断していたようである。

合意、すなわち現状追認

二〇〇七年六月末、米国とEUとはスウィフト問題について合意文書を交わした。[8] その文書にはいろいろな言葉が散らかされてはいるが、要は、スウィフトのデータはテロリズム対策用にのみ使われる、その保管は五カ年までとする、ということであった。もともと、財務省はデータを脱税、薬物などの捜査に転用することはないと確約していた。いっぽう、スウィフトのデータ保管はこれまでの標準では一二四日間になっていた。

つけ加えて、スウィフトに、顧客——つまり銀行——につぎを通知すべし、と命じている。米国宛のデータは財務省によるTFTPに組みこまれることもありうる、と。この合意は現状を追認するものであった。ただし、以上を公式的な言い回しでまとめると、双方は米国〜EU間のセーフ・ハーバー協定を維持することで合意した、ということになる。

じつは、米国内の措置には制度的に灰色のまま残されていたものがあった。それは財務省の発行した「行政上の令状」についてであった。まず、個人の金融データに対する政府のアクセスであるが、これを制御する制度としては一九七八年の金融プライバシー権法があった。この法律のもとにあっては、政府による個人の金融データへのアクセスは原則禁止され、令状の発行によってのみこれが認められるとされていた。

ただし、スウィフトにこれが適用できるのかといえば、ここには疑義があった。それはスウィフトが、さきに示したように銀行ではなく、銀行をユーザーとする通信事業者にすぎなかった点にある。RFPAは通信事業者を規制するものではなかった。米国市民自由連合はスウィフトの行動をRFPA違反であると、シカゴ連邦地裁に訴えた。もう一つ。令状というものは、本来、裁判所の発行するものであるが、これを行政官庁の財務省がおこなっている。それでも有効か、という論点が残っている。いずれにせよ、ここでは既存の法律が新しい環境に適応しにくくなっている。

注釈を一つ。スウィフト紛争についてみると、米国産業界はどこにいるのか、その姿は定かではない。だが、それはスウィフトという世界システムのなかに潜んでいるとみてよいだろう。スウィフトがベルギー国籍であるという事実にかかわらず、である。

同時期に、米国とEUとのあいだにもう一つの個人データ問題が生じていた。それは航空機の乗客についてであった。[9] これもテロリズム対策としてであったが、米国政府は海外発、米国向けの航空機を運行する航空会社に対して、離陸一五分前までに乗客の個人データを提供せよと迫っていた。その個人データは三四項目にわたったが、そのなかには当の客の注文した機内食がイスラム料理であるのか否かというデータまでも含んでいた。ここでも合意は現状追認の形でなされた。提供データは一五項目のみに限られたが、その保管は一五年間に拡げられ、この形で手が打たれた。

話が後先になったが、個人データ保護指令には、二つの適用除外があり、その一つが、

公安、防衛、国家安全保障又は刑法の分野における国家の活動に関する処理。

となっていた。つまりEUは個人データ保護について一見、厳しい注文をつけてはいたが、じつは監視を可とする口実もきちんと残していたのである。

主観の標準化

EUの個人データ保護指令は、相手国に「十分な水準の保護措置」の制度化を求めていた。米国はこれに対してセーフ・ハーバー・プライバシー原則を設けた。日本の場合にはどうであったか。二〇〇四年まで、日本には全領域を律する個人情報保護法がなかった。したがって、日本の事業者はEU

諸国の事業者からネットワーク取引を拒まれるリスクをもっていた。これを回避するために、日本の産業界はなんらかの手をうつ必要に迫られた。

ここで日本は、一九九九年に「十分な水準の保護措置」に相当する制度を設けた。それが日本工業標準規格（ＪＩＳ）の「個人情報保護マネジメントシステム」である。ＪＩＳは技術標準にすぎないが、これをもって法律に代える。これが日本の産業界の、また、その意見を代弁する経済産業省（当時、通商産業省）の試みであった。

一九九〇年代から、その理由は省くが、企業の管理システムを国際標準で規律しようとする流れが強くなってきた。国際標準化機関（ＩＳＯ）がその推進者であった。すでに品質管理、ついで環境管理、さらに情報セキュリティ管理、という順で、その標準化、つまり制度化が実現している。またこれに続いて、個人データ管理、そして企業の社会的責任についての標準化が予定されている。いずれもけっこう煩雑な文書であるが、その要点は、第一に文書について、第二に職場――私宅と離した――について、第三に専門化した職能について、これらを整備せよというものである。つまりマックス・ヴェーバーのいう近代的なビューロクラシーの実現を目指したものである[10]。

このビューロクラシーの実現という視点でみると、品質管理についても、情報セキュリティ管理についても、個人データ管理についても、その管理標準の中身は同工異曲になっている。つまり、専門分野ごとに部分最適の発想で類似の技術標準が固められた、ということになる。くわえて、ここに企業統治というこれまた類似の管理システムがかぶさってきた。それは国際会計基準の導入であり、これにともなう内部統制組織の構築である。これも部分最適のシステムである。企業はこのような複数の部分最適システムのなかで、それぞれにしばられながら、その管理活動をしなければならない[11]。ということで、とくに事業者は、個人データにかかわる法律群について配慮することはもちろん、同時に、多くの管理標準に気配りをしなければならなくなった。

技術標準であれば、法律や条約よりも手軽に扱うことができる。改廃が簡単である。近年では、技術的文書でありながら法律としての役割を期待されるものも出現してきた。このようにして法律と技術標準とが実質的にからみあうようになった。

その技術標準であるが、本来、これはＩＳＯ標準あるいはＪＩＳのように、国際条約や法律の裏書きのある手順によって設けられるものであり、ここにその正当化の根拠があった。ところが、そうでないものも現れた[12][13]。たとえば、インターネットの通信手順などには一握りの専門家、それもべつにあれこれの公的機関の代表ではない人びとによって作られたものもある。これをデファクト標準というが、そうした標準群が、いまや、誰も無視できないほどまでに普及してしまった。

そのデファクト標準のなかには法律に代わるだけではなく、法律を無効にするものまで出現してきた。たとえば、インターネットにかかわる諸標準は、かつて通信法制がきちんと保証していたユニバーサル・サービスを片隅に追いやってしまった。ここでは技術の最適化を狙うシステムが制度の最適を図るシステムにとって代わった、つまりレッシグのいう「法律→工学」の交替があった、という格好である（5章）。

技術標準の領域においてもっとも活動的であるのは、これまたＥＵ諸国である。そのＥＵ諸国は、ＩＳＯの組織を実質的に乗っ取り、ＥＵ規格——とくに管理システム——を国際規格へと格上げすることに熱心であり、それに成功している。この点について、市場競争をよしとする米国と日本とは遅れをとっている。

プライバシーは、ほんらい、個人の主観にかかわるものであった。それが標準化の対象になった。くわえてその標準という社会規範を技術者が構築している。こんな時代になった。

文献

（1）小林麻理『グローバリゼーションとデータ保護：ＥＵデータ保護指令を中心として』敬文社、一九九九

（2）1章（11）

（3）Jeremy S.Shrader 'Financial Information in Today's World : Secrets Hurt : How SWIFT Shock up Congress, the European Union, and the U. S. Banking Industry' "North Carolina Banking Institute" v. 11, p. 397-420 (2007)

（4）Eric Lichtblau & James Risen 'Bank Data Sifted in Secret by U. S. to Block Terror' "New York Times" June

23 (2006)

(5) Article 29 Data Protection Working Party 'Opinion on the Processing of Personal Data by the Society for Worldwide Interbank Financial Telecommunication' (2006), 〈http://ec.europa.eu/justice_home/fsi/privacy/index_en.html〉

(6) SWIFT 'SWIFT Statement on Compliance Policy' (2006)

(7) SWIFT 'SWIFT Strongly Objects to Advisory Opinion from WP 29' (2006)

(8) USEU 'U. S., EU Reach Agreement on SWIFT Terrorist Finance Data' (2007)

(9) Jamie Smyth 'EU, US Agree Deal to Store Files on Air Passengers' "Irish Times" June 29 (2007)

(10) マックス・ヴェーバー（世良晃志郎訳）『支配の社会学Ⅰ』創文社、一九八五（原著一九五六）

(11) 1章（13）

(12) 名和小太郎『技術標準対知的所有権：技術開発と市場競争を支えるもの』中央公論社、一九九〇

(13) 会津泉『インターネット　理念と現実』ＮＴＴ出版、二〇〇四

13 個人データ、贈与あるいは収用

自己にかかわるデータでありながら、自分の欲するようにその流通を制御できないものがある。それは多くの場合、同世代の、そして次世代の人びとに役立てるためである。ここで私たちは、個人データの贈与、さらには収用を求められることになる。

公益目的への流用

一九七二年、連邦最高裁は、ニューヨーク州法が医療データのファイルの集中と、そのコンピュータ化を規定したことについて、この規定は「いかなる権利」をも侵害するものではない、という判決をくだした。(1) ここにいう「いかなる権利」のなかには、憲法修正四条（7章）と憲法修正一四条によって保護される権利が含まれていた。その修正一四条は「いかなる州といえども正当な法の手続によらず、何人からも生命、自由または財産を奪ってはならない」と定めていた。

苦情の対象になったニューヨーク州法は、医師に対して、その別表に示した薬物の投与を受けた患者名を州の衛生局へ通知せよ、と求めていた。その別表は、治療用としても使われるが、潜在的に濫

用のリスクももっている薬物を列挙していた。これに反撥した医師と患者がプライバシー侵害として州を連邦地裁に訴えたのであった。地裁は、これに対してプライバシー侵害ありという判断を示した。州当局はこれに同意せず、ただちに連邦最高裁へと飛越上訴した。

ここで一言。米国憲法には連邦が権限をもつことのみが記載されており、ここに記載がない権限については州法にまかされている。この視点でみると、米国憲法には医療に関する条項はない。

最高裁はつぎのように示した。

保護の対象は二つに分けられる。一つは患者情報の開示にかかわる保護であり、ここでは修正四条が働く。もう一つは開示により患者や医師が萎縮し、正当な医療サービスを受けられなくなることに対する保護であり、ここでは修正一四条が動く。いずれの保護に対しても、患者情報のコンピュータ化がそれらを損じることはない。

私的な医療情報の開示は、多くの場合、現代の医療行為にとって本質的なものであり、したがって、その開示がそのまま自動的に許容できないプライバシー侵害になるというものではない。州は、共同体の保健に責任をもっており、これは私的な情報の保護を求める患者の人格に対立するものではあるが、前者のほうが後者よりも重要なのである。（要旨）。

とは言いながらも、この判決にはつぎの同意意見がつけ加えられていた。集中化された記憶装置とコンピュータ化されたデータへの容易なアクセス、これは情報の濫用に対する潜在的な可能性を極端に増大するものである。あるいは近未来には、このような技術を抑制する必要性なし、と断言できなくなるかもしれない。法廷はこのように示し、システム化にともなう「実際的なあいまいさ」（9章）の喪失について懸念を表明したのであった。

話が後回しになったが、このときに問題になった薬物の処方データは、毎月、一〇万件も発行されていた。これらは分類、コード化されたうえで磁気テープに記録されていた。原データも磁気テープも五カ年間にわたり保管庫に収納され、鍵も掛けられていた。くわえて、テープの処理は、コンピュータがオフラインの場合のみに実行されるように工夫されていた。これは当時としては先進的なセキュリティ措置であった。

説明と同意の先

前記の判決は、その同意意見において医療データのさらなるシステム化、さらなる集中化を予見していたが、その予見は一九九六年になって実現した。それが医療保険移転・責任法（HIPPA）である。じつは、この法律はシステム化の意図がさきにあり、データ保護の扱いはあとからついてきた、という格好で作られている。(2)(3)

この法律は

医療業務の効率化→医療保険の移転→医療データの移動→医療データの標準化→医療データの保護→医療システムのセキュリティ向上

という流れで、その制度を整備してきた。したがって、この流れの上流についてはＨＩＰＰＡが定め、その下流については保健福祉省が規則を設ける、という分担になった。後者には、データの標準化規則、プライバシー規則、それにセキュリティ規則、この三つが含まれていた。

ここではプライバシー規則についてみておこう。この規則は、第一に、個人の識別できるデータのうち電子化されたものを保護の対象とし、第二に、その電子化データのうち匿名化されたものを保護対象から外す、という構造になっている。

いま「個人の識別」といったが、ここには氏名はもちろん、その親族、雇用主などの識別因子が入る。とうぜん、社会保障番号、住所（市、群、区、番地、郵便番号）、電話番号、ＩＰアドレス、さらには、本人に関する日付（生まれた月日、入退院の月日など）も含まれる。

つぎに例外として、患者本人の同意がなくともその医療データを提供できる場合を示している。その例外には、診療、支払いなどの業務のために、公益のために、研究、公衆衛生のために、などが挙げられている。公益については、警察などの法執行、児童虐待、国防、などが示されている。また、研究と公衆衛生とについては、患者を特定できる情報のみを削除せよ、と定めている。

研究について続ければ、医療データは、まず当人の病気の治療のために使われるものである。だが、その治療が新薬の臨床試験と重なる場合もあるだろう。だから、ここまでは個体識別の可能な医療データ、ここからはそれを除去した研究データ、と扱いを区別することはやっかいだろう。ＨＩＰＰＡのプライバシー規則は、この点について一応の目安を設けた、ということになる。

医療データは一筋縄には括れない特性をもっている。第一に、親族という他者と共有せざるをえない情報——体質、遺伝的因子など——が含まれる。第二に、そのなかには本人が知ることを望まない情報もありうる。まだ治療法のみつかっていない難病の遺伝子情報など。第三に、再生医療の場合、レシピエントはドナーの個人データをもつことはできるのか、できないのか、この是非もある。いずれを選択しても、レシピエントにリスクはあるだろう。(4)

もう一つ、医療には「説明と同意」という原則がある。だが、説明と同意すなわちデータの流通制御、ということにはならないだろう。このような特徴をもつデータについて、杓子定規に自己データ制御権（4章）を及ぼすことはできない。

自分のデータであるのにもかかわらず、自分がその流通を完全に支配できない。この場合、そのデータは、他者に贈与される、その他者が国であれば収用される、と本人には意識されることになる。

ただし例外的に、個人データをそのまま公開せよという制度がある。一九九四年に議会は暴力犯罪防止法を設け、ここに性犯罪者の登録をよしとする条項を組みこんだ。これは性犯罪の前歴をもつ人について、その情報を近隣の住民に知らせるという狙いをもっている。一九九六年、この法律は拡張され、性犯罪者に関する全米規模のデータベースを構築することを連邦捜査局に義務づけた。

バイオバンク

二〇〇六年、英国で「バイオバンク」が動き始めた。(5) 四〇～六九歳の五〇万人を対象にし、本人の血液と尿についてその試料——ここからＤＮＡを採取できる——を収集し、くわえてその身長、体重、血圧などに関するデータも収集し、試料とデータとを合わせて大貯蔵庫を作る。さらに、これに各人の医療データもつなげる。これを三〇年間にわたって続ける。設立者はその使命を「人間の健康と疾病に影響を及ぼす遺伝的要素と環境的要素について倫理的な研究をおこない、これによって未来世代の健康を改善するためにただ一つの情報の供給源を設ける」と定義している。

バイオバンクは、本人の同意をオプトイン（３章）によってえたうえで、その人をデータベースに登録することにしている。ただし、いったんこのデータベースに登録されてしまうと、どのデータについても、それを誰が使うのか、なんのために使うのか、これについて本人に同意を求めることはしない。なお、試料もデータも匿名化されており、本人の氏名や住所はユーザーには隠されている。

このバイオバンクは公的および非営利的な資金で運用されており、その運用については独立した別組織によって監視されている。また、この試料やデータの利用を求めるものは、個別課題ごとに許諾をうることになっている。そのユーザーとしては研究者も私企業も参加できる。一般の私企業も倫理コードにしたがう約束をすればユーザーになれる。警察も裁判所の令状があればユーザーになれる。ただし例外がある。保険会社や雇用主はユーザーにはなれない。

ここに貯蔵されるデータは、匿名化するとはいえ、機微にかかわる個人データである。その物理的な特性についても伝統的な個人データ——たとえば信用データ——と違う点がある。第一に、本人にとって制御不能の個人データである。変更も改竄も再発行もできない。第二に、本人にとって不可視の個人データである。この二つは脳画像データとおなじである[6]（10章）。第三に、自身のデータではあるが、医学研究者など第三者に提供することによって同世代、次世代の医療技術に寄与できるものでもある[7]。このほかの医学的な特性——親族との共有性など——についてはすでに示した。

バイオバンクには医療データが含まれている。この医療データに対して本人に流通制御権を行使させてしまうと、当のデータの利用について、あらかじめなにがしかの枠をはめてしまうことになる。このときに、当のデータを使う研究の自由は妨げられるかもしれない。もし、そうであれば、その研究の果実は事前に狭められてしまう。これでは研究者、あるいは事業家などの第三者は、その研究開発、あるいは事業化への意欲に水をかけられてしまうことになる。

これは避けたい。だから避ける。だがこのときには、そのデータは本人の知らないままに知らないところへ流れることになる。本人は自己データの流通制御権について放棄を求められる。ここでデータ主体は自己データの贈与を迫られることとなる。

国の資源として

この先には、第三者として私企業、たとえば製薬会社が登場する[8]。すでに、アイスランドにおいてはこのビジネス・モデルが出現している。この国は一九九八年に「アイスランド保健データベース法」（ＩＨＤ）を制定した。ＩＨＤはその目的を「個人を特定できない健康データに関する集中的なデータベースの構築と運用とを公認し、これによって健康と健康サービスを改善するための知識を増大すること」と示している。

この狙いを実現するために、政府は米国籍のデコードと一二年間にわたる排他的な契約を結んだ。政府はデコードから年間六五万ドル以上のライセンス料を受けとることになっている。これによりデコードは、アイスランドの公的健康保険システムのもつ全データ、つまり三〇万人のデータを過去に遡って利用できることになっている。また、そのデータベースは、個人ごとに、健康、医療、生活習慣、社会的境遇、雇用、家族に関するデータも取りこめるように設計されている。データに限らない。培養組織、遺伝子配列などの試料も含むことになっている。

データ保護の措置についてはどうか。「自由な説明と同意」と「みなし同意」とが用意されている。前者は研究用のデータ採取に関する書面による事前同意を指す。つまりオプトインである。後者は治療目的の場合を示すものであり、ここでは入力についても利用についても同意を条件づけられてはいない。こちらはオプトアウトである。いずれの場合も、データをデコードに渡すまえに匿名化することにはなっている。

アイスランド政府はなぜこのような政策を決定したのか。外資を呼びこみ、これにより国際競争に参加していくためだという。国民の医療データは個々の本人のものではない、それは国の資源である、とみなされたことになる。所管庁は、すべてのデータはアイスランドの共有財である、ともいっている。

こうみてくると、ここでは個人データは国によって収用される、といってもよいだろう。要は、データ主体がその流通制御権を通せない個人データが出現した、ということである。これは伝統的な個人データ概念の例外として理解すべきなのか。それともここに次世代の個人データ概念を見たらよいのか。

一〇〇年条項

公益目的、あるいは研究ということになれば、関心の対象となるデータは医療のそれには限らない。たとえば人口に関するセンサス・データは公衆衛生にも関係するだろう。個人のライフスタイルに関する統計データもこれに準じるだろう。ということで、センサス・データを含むあれこれの統計データについても、政策決定者あるいはそれを支える研究者から、個票つまり調査票の利用が求められることになる。

〈http://www.pro.gov.uk/online/census.htm.〉にアクセスすると夏目漱石の個人データを入手できるという。(9) 手順がやっかいなので私は試みてはいないが、ここで「K・ナツメ」(夏目金之助)を探すと、出生地は「日本」、行政区は「ロンドン」、行政教区は「ランベス」、職業は「文学教師」というデータが出力するらしい。なぜ、これができるのかといえば、英国では一八八〇年以降のセンサス・データが保管されており、これが一〇〇年後に公開されることになっているからである。これを一〇〇年条項という。

この一〇〇年条項があるので、現に多くの国ではそのようになっているので、歴史人口学の研究者にとって、それは日本における宗門人別帳、フランスにおける教区簿冊のような機能をもつものとなる。彼らはセンサス・データを再利用してあれこれの業績をあげることができる[10]。

だが、一〇〇年も待てない人びとがいる。たとえば、行政官、あるいは研究者、あるいは企業。ある人がある疾病で死亡したとしよう。この事実を当人の過去のセンサス・データと重ね、そこに存在する同一人の学歴、職歴、過去の住居環境などと突き合わせてみることは、医療に関心をもつものにとっては大きい関心事となるはずである。もしこの操作に、センサス・データに限らず、特定の目的のために実施された官庁統計――たとえば人口動態統計――が、あるいは行政業務にともなって収集された統計データ――たとえば徴税データ――が加われば、その効用はより洗練されるだろう。

統計においては、その調査が狙った集計値が得られさえすれば、その素材となった個体データは不要のものとして廃棄される。だが、その個体データの取得には膨大なコストがかかり、くわえてそのデータから本来の狙いをこえる価値を引きだすことができるとなれば、これを棄ててしまうのは惜しい。だが、個体データの再利用は当初の利用目的――統計調査――から外れる情報開示につながり、それはただちにプライバシーの侵害を導くことにもなる。

一〇〇年後の個人データということになれば、それは死者のデータとなる。日本の個人情報保護法は個人情報の定義に「生存する」という修飾語をつけている。ＩＳＯ／ＩＥＣの技術標準である「情報セキュリティ管理実施基準」もそう定義している。とすれば、死者にはプライバシーはないという理解になる。

開示抑制、あれこれ

ということで、個体データからプライバシーを引き剝がすデータ操作法が強く求められるようになった。これはすでに米国、英国、カナダ、ドイツなどで実用化している。これらの国では、プライバシーを剝がしたデータをアーカイブとして保管し、それへのアクセスを希望者に許している。この操作を「統計データ開示抑制」という。

この手法だが、まず、個体を特定できる情報を個人データから消去してしまう。その情報であるが、統計データにそくしていえば、氏名、住所、郵便番号、電話番号、社会保険番号、免許証番号などにあたる。つぎに、集計表から推定できる間接的な情報も消してしまう。たとえば「A市の一〇〇歳の男性」という情報は誰によってもあの人と一意的に理解されてしまうだろう。このときの操作法としては、集計区域としてA市にとなりのB市、さらにはC市を加えてしまう、あるいは七〇歳以上の男性を一つのカテゴリーとしてまとめてしまう、このどちらでもよい。この方法を大域的再符号化という。

じつは欧州の官庁統計関係者の作った『統計データ開示抑制に関する用語集』というマニュアルがあり、ここに開示抑制のための操作法があれこれと列挙されている。(11) そのいくつかを引用しておこうか。近似的開示、ぼかし、セル秘匿、コントロールされた集計調整、データ・スワッピング、データ削減、決定論的丸め法、データ攪乱など。この本は教科書ではないので立ちいった説明は差し控えるが、呼び名をみればその方法のおよそを想像することはできるだろう。

ただし日本においては、二〇〇七年に統計法が改正されるまでは、センサス・データの二次使用について消極的であった。これまでは、集計表のみマイクロ・フィルムの形で永久保存、個票は三年保管の後に廃棄ということだったらしい。永久保存の個票ファイルを探してみたら、叙勲ファイルだけが見つかったという話もある。

話をもどせば、ここでも個人はその自己データについて贈与を求められることになる。

話がねじれてしまった。アイスランドのデコード問題にもどる。現実には、ここでどんな反応が生じたのか。その一つに「科学・医学の倫理に関するアイスランド人協会」による反対運動がある(12)(13)。二〇〇〇年、死者となった父親の医療データのデータベースへの入力に反対する訴訟が起された。原告はある女性、被告は公衆衛生省であった。被告は、IHDは死者のデータを自動的にそのデータベースに移転せよと定めている、と反対した。法廷は、IHDはアイスランド憲法の認めたプライバシー権の保護に失敗した、として被告の反論を退けている。原告はなぜ父親データのデータベースへの移転に反対したのか。父親のデータを知ることによって、自分と自分の娘の生活の乱されることを恐れたのであった。

科学的な研究とプライバシーの保護とはどんな形で均衡をとることができるのか。この判決はいかなる判断も示していない。ここではコンプライアンスの確認が宙づりになっている。医療データの場合には施設内倫理委員会にまかせる、という方法が一応は制度化されてはいるが。これを一般化できるのかどうか。

だが、このような議論をせせら笑うかのような動きがすでに顕在化している。『ネイチャー』の二〇〇七年一一月一日号によれば、インターネットのうえでの先祖探しがゲーム的な事業として計画されている。そのサービスにおいては複数の個人がたがいの遺伝データをリンクしあうことができる(14)。この計画の影にグーグルの姿がみえるという。DNAの解読コストは一〇年間に一〇〇分の一の割合で減少している。これがこのようなビジネスを可能としている。

文献

(1) 429 U. S. 589 (1977)

(2) 開原成允・樋口範雄『医療の個人情報保護とセキュリティ』有斐閣、二〇〇三

(3) Michelle C. Pierre 'New Technology, Old Issues : The All Digital Hospital and Medical Information Privacy' "Rutgers Law Review" v. 56, p. 541-571 (2004)

(4) 三宅淳・金村米博「個人情報と産業」：宇津木伸ほか編『人体の個人情報』日本評論社、二三六—二四七頁、二〇〇四

(5) Yael Bregman-Eschet 'Genetic Databases and Biobanks : Who Controls Our Genetic Privacy ?' "Santa Clara Computer and High Technology Law Journal" v. 23, p. 1-54 (2006)

(6) Committee on Science and Law 'Are Your Thoughts Your Own ?: "Neuroprivacy" and the Legal Implications of Brain Imaging' "CBA Record" v. 60, p. 407-436 (2005)

(7) 増井徹「英国のバイオバンク計画の意味するもの」『ジュリスト』一二四七号、一二九—一三六頁、二〇〇

三

（8）Ashok M. Pinto 'Corporate Genomics: Decode's Efforts at Disease Mapping in Iceland for the Advancement of Science and Profits,' "University of Illinois Journal of Law, Technology & Policy" Fall, p. 467-496 (2002)

（9）森博美「イギリスにおけるデータ・アーカイブの現状：政府統計の二次利用システム」『国の統計調査に係るデータ・アーカイブに関する研究報告書』統計研究会、二三一―三二頁、二〇〇二

（10）松田芳郎「各国におけるデータ・アーカイブの現状と日本との差」『国の統計調査に係るデータ・アーカイブに関する研究報告書』統計研究会、一―一〇頁、二〇〇二

（11）統計データ機密保護に関する国連欧州経済委員会（統計研究センター訳）『統計データ開示抑制に関する用語集』、二〇〇六（原著二〇〇五）、〈http://www.nstc.go.jp/services/pdf/skk-yogoshu2.pdf〉

（12）上記（8）

（13）米本昌平『バイオポリティクス：人体を管理するとはどういうことか』中央公論社、二〇〇六

（14）Erika Check Hayden 'Personalized Genomes Go Mainstream,' "Nature" v. 450, n. 7166, p. 11 (2007)

14　あるいはトークン、あるいは商品、あるいは制御用タグ

二一世紀初頭、一つの個人データが、ある場合には行政によって、ある場合には企業によって、ある場合には匿名の不特定多数者、さらにはテロリストによって扱われる、という環境になった。これに応じて、法律は、そのおなじ個人データについて、あるいは公開を許し、あるいは秘匿を保証し、あるいは商用として自由化し、あるいは監視用として強制収用する、という状況になった。

この環境のなかで、個人データは、トークン、商品、制御用タグの性格をあわせてもつようになった。

自己データの流通制御、再考

プライバシー保護とはなんであるのか。ここで改めて考えてみよう。まず、ウォーレンとブランダイスによる「独りにおいてもらう権利」があった（1章）。つぎに、ウェスティンが、そしてミラーが主張した「自己データ流通制御権」（4章）があった。

米国の歴史をふり返ってみると、法廷の判断は前者につながっている。捜査にかかわる憲法修正四

条のあれこれの解釈は、いずれも独りにおいてもらう権利の延長上にある。いっぽう議会の読みは後者を見通した形になっている。公正信用報告法、連邦プライバシー法、金融サービス近代化法、子供オンライン・プライバシー保護法など、そのどれをとっても、それぞれの分野におけるコンピュータ・データに対して、その流通制御を狙ったものである。法廷は建国の理念を大切にし、議会は時代の状況に対応することを重視してきたかにみえる。

ウェスティンやミラーが自己データ流通制御権を提案したのは、彼らがコンピュータの能力に注目したためであった。この点について、彼らは前コンピュータ時代には個人データの利用環境は貧しく、このしわ寄せによって生じたデータ処理の非効率さが、結果として伝統的なプライバシー保護制度を支えていた、と指摘していた。

そのデータ処理の非効率さについて、ミラーは、第一にデータ数が少なかった、第二にデータが分散して収集されていた、第三にデータの保守が不完全であった、第四にデータがアクセスしにくい形で保管されていた、第五にデータから本人を追跡することが難しかった、第六にデータ群から知識を抽出する道具がなかった、とまとめている。9章に「実際的なあいまいさ」として示した現象が、これに相当する。

一九八〇年代半ばに、私は日本における納税者番号制度の実現可能性について検討したことがある（2章）。とうぜんながら、すでに行政機関の保有している名簿の転用が検討された。だがこのときには、電子化されており、かつ全国民を覆う名簿はなかった。

当時、もっとも悉皆性の高いファイルは住民票のデータであった。だが、紙のファイルで名簿を保管していた自治体は全国で一〇六〇市町村も残っており、そのうち最大のファイルは五〇万人にも達していた。この転用のためには、この名簿ファイルを、ある一時点でいったん閉じ、それを納税者番号制度用として別ファイルにコピーしなければならない。

問題は、この五〇万人分の名簿を、金曜一七時から翌週月曜九時までのあいだに、紙データから紙データへ、あるいは紙データから電子データへとコピーしなければならないことにあった。私は、このコピー作業は、紙データに対しては、つまり非電子化データに対しては、ほとんど不可能と判断した。なぜ、コピー作業を時間を切っておこなうのかといえば、住民はつねに転居しており、五〇万人都市であれば、毎日二〇〇人は移動しているはずだからであった。

これが私の経験した「実際的なあいまいさ」の例である。だが、この「実際的なあいまいさ」は、その後、ほぼ二〇年かけて解消され、ここで住民基本台帳ネットワークが完成したことになる。

このときに私は、年金用ファイルも検討の対象にしてみた。だが、このファイルは年金制度別になっており、同一人が複数番号をもつ可能性もあり、くわえて、その確認時点が個人ごとにばらばらであることも分かった。私は、こちらの「実際的なあいまいさ」はシステム化にとって絶望的、あるいは禁止的、と評価した。これについては、今日もそのままの形で残っている。ただし、これを全国民が等しく認識したのは二〇〇七年になってからであった。

コンピュータ導入の狙いは、どの分野においても、本来の業務がもっていた非効率なデータ処理環境を効率的なものへと再編成することにあった。ただし、このときに同時に伝統的なプライバシーが頼っていた非効率性——実際的なあいまいさ——も解体されてしまった。この解体と再構成とは、どんなシステムにおいても同様に生じたはずである。

ここで教訓。もしその人が、自分のデータの流通制御を望むのであれば、その人は、自分のデータの電子化を拒むことである。いったんデジタル・データになるとそれはネットワーク上に拡散してしまい、本人であってもそれを消すことはできない。これを「消えない過去」というジャーナリストもいる[1]。

個人データの定義

個人データの定義をデータ保護法の流れのなかでたどってみよう。プライバシー保護をコンピュータ処理の枠組みのなかで図ろうとする法制度をデータ保護法と呼ぶ。この制度のなかで「個人データ」をいかように定義するのか、この定義のいかんがその制度の有効性を決定することとなる。ここにいう「個人データ」は、ウェスティン流の文脈で使ってきた「自己データ」とおなじ概念を指している。

個人データの定義は、とうぜんながら、時代により国により異なる。データ保護法を最初に制定したのはスウェーデンであり、それは一九七三年であった。その「データ保護法」における個人データの定義は、法律の名称と同様に、きわめて素っ気ないものである。

個人に関する情報をいう。

つぎは米国。一九七四年に制定された連邦プライバシー法は連邦政府におけるデータ保護を定めたものである。この法律における定義はプラグマティックである。

教育、財務取引、病歴、犯歴、職歴など行政機関によって保有され、かつ当該個人の氏名あるいは識別番号・記号、その他指紋、声紋、写真等個人別に付された識別項目を含む、個人に関する情報の項目又は収集されたもの又はまとめられたものすべてをいう。

一九七八年、西ドイツは「データ処理における個人データの濫用防止に関する法律」を設けた。その特徴はつぎのように「自然人」という言葉を明示していることである。

特定の、又は特定できる自然人（当事者）の人格又は物的状況に関する個々の情報をいう。

おなじ年にフランスも「データ処理、データ・ファイル及び個人の諸自由に関する法律」を定めている。こちらにはさらに、データ処理について

自然人によって実行されるか法人によって実行されるかにかかわらず、いかなる形態であれ、直接又は間接を問わず、……

という文言がつけ加えられている。つまり、法人のみでなく隣人の行為も、また紙のデータも対象になるということである。この法律は「ＳＡＦＡＲＩ」という略称をもっていたので、『ル・モンド』から「フランス人狩りか」と非難された。

一九八〇年、ＯＥＣＤがプライバシー保護ガイドラインを発表した（6章）。ここにはつぎの定義があった。

識別された又は識別されうる個人に関するすべての情報。

この定義が後にプライバシー保護に関する標準になり、多くの国の法律に引用されることとなる。一九九五年、ＥＵは個人データ保護指令（12章）を発表した。ここには上記のプライバシー保護ガイドラインの定義に加えて、つぎの文章がついている。

……識別され得る個人とは、特に個人識別番号、又は肉体的、生理的、精神的、経済的、文化的並びに社会的アイデンティティに特有な一つ又は二つ以上の要素を参照することによって、直接的又は間接的に識別され得る者をいう。

この文言が、プライバシー保護ガイドラインと個人データ保護指令のあいだの時代に、新しい技術の実現したことと対応している。どんな技術かといえば、たとえばデータ・マイニング（9章）である。

以上を素直に考えれば、個人データの原義はそれをトークンとみなすことにある。ここで「トークン」という意味であるが、これが社会生活において、本人の通行証あるいは手形となることを指している。

個人データのカタログ

個人データ保護指令には「識別された又は識別され得る自然人」という定義があり、これには「以下「データ主体」と呼ぶ」という注が付けられている。まず「データ主体」つまり「自然人」があり、つぎにこれに対する「個人データ」があるという理解がここにある。いいかえれば、データ主体は「A」「B」などという名前をもった「実体」であり、個人データはこれに貼りついたあれこれの「属性」——たとえば、社会保障番号、通話記録、取引記録、医療データ、指紋——ということになる。

ここで流通制御権の視点に立ってみよう。データの保有者は前記の「データ主体」である。いっぽう個人データの利用者は、行政機関、私企業、あるいは不特定多数の公衆、これらのいずれかになる。個人データの流れを、データ主体とデータ利用者とのあいだの関係のなかで捉えると、ここにはすでに慣行が存在していることが分かる。これをみながら個人データのカタログを作ってみよう。

第一に、公共財的な個人データがある。誰もがアクセスできるデータである。たとえば氏名、住所、電話番号、顔つきなど。これらは日常的に公衆の眼に曝されるものである。これは本人にとってトークンになる。もしデータ主体がこれを他者に秘匿したとすれば、本人自身がその日常的な生活に窮することもありうる。

第二に、統治型の個人データがある。行政機関が強制的に収集する個人データである。たとえば徴税データ、登記データ、免許データなど。このなかにはデータ主体に役立つものもある。たとえば登記データ。これはデータ主体の財産保全に使える。もう一つ、センサス・データもここに入る。こちらの個人データは制御用のタグとして扱われることになる。

第三に、取引型の個人データがある。私的分野における取引にあたり、データ主体の相手――つまり事業者――が作成する個人データである。たとえば、銀行の預金残高、電話、電力、水道などの料金明細、信用販売の購入履歴など。事業者はこれをみてデータ主体の信用力を評価する。これはデータ主体にとっても望ましい。ここでも個人データはトークンとしての意味をもつ。この取引にあたっては、双方ともに「クレタ人は嘘つきだ」というクレタ人に惑わされないように個人識別の証拠――つまり「同一性」――を添付することが不可欠となる。

事業者は、ほとんどの場合、この型のデータを、後日、データ主体へのマーケティングに利用する。こちらに転用できる個人データはそれなりに市場価値をもつ。ここでは個人データは商品となる。ただしこの点について、データ主体は、多くの場合、取引相手の行動を疎ましく感じる。

第四に、自己実現型の個人データがある。不特定多数の人びとへの露出が本来の目的となる個人データである。たとえば研究者の世界にはエポノミーという慣行がある。彼らはメンデルの法則、ハッブル望遠鏡、圧力単位のパスカルのように、自分の名前をなんらかの形で残すことを名誉としている。大方の研究者にとっては、エポノミーを受けることは無理であるが、論文の著者として自分の名前を同僚に引用してもらう程度のことは期待できる。このときに研究者は個人データをデータ主体の宣伝媒体として使うことになる。作家、歌手、野球選手、政治家にも同様な扱いを受けるデータがある。自己実現のための個人データは、トークン的な個人データとみることもできる。

第五に、医療型の個人データがある。データ主体の身体にかかわる個人データである。その一つとして医療カルテがある（13章）。これはほんらい、データ主体が自分の病気の治療のために、つまり自身の利益のために、専門家にその採取を求めるものである。ここでは個人データは制御用のタグとなる。ただし、そのデータが市場価値をもつ場合もある。たとえば保険会社、製薬会社に対して。ここでは個人データは商品となる。

第六に、犯罪捜査型の個人データがある。おなじくデータ主体の身体にかかわるものでありながら、まったくべつの目的をもつ個人データである。たとえば、毛髪の色、人種、指紋、声紋、血液型、DNA配列、あるいはポリグラフや脳画像のデータ。こちらは犯罪捜査用のデータとして法執行機関がデータ主体の意思とはかかわりなく収集するものである。ここでは、データ主体と本人とのあいだの同一性を確認することが目標となる。個人データは制御用のタグとなる。

第七に、内面型の個人データがある。データ主体の思想、信仰にかかわる個人データである。ここに特定団体への加入データを含めてもよい。これを秘匿されたトークン型といったらよいか。ただし、万一、第三者の手に渡れば制御用タグとして濫用されるリスクもある。

以上をデータ主体の眼でみると、第一、第三、第四はその開示が慣行化している個人データであり、第二、第五、第六、第七はその秘匿が原則とされる個人データである。また、第四から第七までは人格的な尊厳にかかわる個人データであり、第一から第五までは市場的価値をもつ個人データである。さらに、第五と第六はデータ主体それ自体がなんらかの方法で記号化された個人データであり、それ以外のものは改変可能の記号としての——つまり詐称できる——個人データである。またとくに、第五〜第七の個人データには、公開によりデータ主体を社会的に差別するリスクをもつものもある。つまりここには「機微にかかわる」個人データも含まれる。

このように変幻自在なすべての型の個人データについて、その流通の主導権をつねにデータ主体に与えるべし、というのが自己データ流通制御権の主張であった。

要約しよう。個人データは三つの特性をもっている。

第一はトークンとしての特性（各章）。これがあるので、データ主体は自分の預金を管理できる。あるいは選挙権、福祉を受ける権利などを行使することもできる。

第二は商品としての特性（2〜5章）。これがあるので、事業者は個人データを使って事業を展開することができる。

第三は制御用タグとしての特性（7〜10章）。これがあるので、法執行機関や事業者は、データ主体を自分の欲するままに監視し、場合によっては、誘導、そして支配することもできる。

これらの特性は、今日、たがいに分かちがたく組み合わされている。個人データの関係者は、それぞれに思惑をもちながら、このような特性をもつ個人データにアクセスしていることになる。ということで、個人データのありようは、すぐれて文脈依存的になっている。[2][3][4] とすれば、これを規制する制度についてもそれなりの配慮が不可欠、ということになるだろう。

個人データ保護の道具箱

個人データを多様な文脈のなかで扱うためには、それなりの法的な道具が必要である。私はレイマンにすぎず、法律には不案内である。だが、どうすればよいかについて大雑把な見当をたてることはできる。その道具はどんな機能をもたなければならないのか。

第一に、ここでは個人データが文脈依存的になることは避けがたい。とすればその保護を、時、所、場合によって使い分ける必要がある。これに柔軟に対応できる道具でなければならない。

第二に、現在、個人データの流通は、すでにデータ主体からは制御しにくい状況になっている。ほとんど制御不能に近い。これを、わずかであっても、データ主体にもどす道具が必要である。

第三に、いま示した個人データの流通は、じつはそのユーザー——事業者など——にとっても制御しにくくなっている。これは個人データの事業者からの漏洩が日常化していることからもうかがえる。ここに少しでも規律を導入することは不可避だろう。このための道具を工夫しなければならない。

第四に、個人データの流通における無秩序さは、一つには、タダ乗りをするものが、個人であると事業者であるとを問わず、ここに介入することによって生じる。このタダ乗りをいかに排除するのか。このための道具がこれまた必要となる。

第一に、個人データの保護の文脈依存性について。ここでは個々の場合に対して共通する秩序を設けることは不可能である。せいぜい可能なことは、その個別の場合について当事者の言行が一致していたかどうかその確認をする、ということにとどまる。

ここではプライバシー保護の原則論と市場競争をよしとする企業活動との調和、これが課題となる。これについてはすでにモデルがある。それは米国～EUのセーフ・ハーバー協定に対する米国側のルールである（12章）。

このモデルを拡張すれば、いろいろな選択がありうる。たとえば事業者にその保護条件をみずから宣言させ、その宣言の実施状況をみずから報告させる。もし、その宣言が実行できなければ、その行為を欺瞞、虚偽として扱う。

企業としても、近年、企業統治の強化ということで、説明責任の遵守、ISOの管理基準の導入など、自律的な管理方式になじむようになってきた（12章）。とくにプライバシー管理とセキュリティ管理とにおいては、内部統制ルールの重なる点は少なくないだろう。[5][6]

第二に、データ主体の流通制御権を回復する手段について。ここでは現在、オプトアウトが主体であるが、ここにオプトインも組みこむという試みがなされてもよい（3章）。たとえば、他目的利用の場合、第三者への移転の場合などについては、そのつどオプトインを強制するなど。ここではEUの個人データ保護指令が参考になるだろう。

第三に、個人データの過度の流通について。データのコストが上昇すれば、事業者は個人データを必要以上に収集することを控えるはずである。結果として、過度のデータ流通を抑制できる。

まず、個人データに価格をつける。もともとウォーレンとブランダイスの論文は、プライバシーは人格的価値と財産的価値とをあわせてもつ、と理解していた（1章）。この意見をもう一度、ここで見直してみたらいかがか。この眼でみると、プライバシー情報は、著作権の対象となる情報とおなじく、人格権と財産権とをあわせもっている。とすれば、著作権制度のこちらへの移転も試みる価値はあるだろう。プライバシーを売買の対象にするのはもってのほか、という人もあろうが、一つの発想として。

つぎに、個人データの収集コストを膨らませる。たとえば、現在のインターネットの通信料は定額制、したがって使い得になっている。これを従量制にする。あるいは、インターネット取引には税金がかからない。ここに課税をする。

さらに、もう一つ。個人データの流出について一件いくらと賠償をとる方法、これもあるだろう。要は、事業者に個人データ流通に関する外部不経済のコストを内部化させることにある。

賠償をということになれば、とうぜん、これに対する保険も必要になるだろう。このときに保険の掛金をその事業者の個人データ保護水準によって決める。それを、これこれの認証機関のこの標準に合致していること、というようにする。この方式は事業者に一定の保護水準を維持させるインセンティブとなる。このモデルは、分野は違うが、たとえば米国におけるアンダーライターズ・ラボラトリーズのUL標準にある。

第四に、タダ乗りにたいする抑制策。ここではレッシグ流の工学的な方法（5章）がすでにあれこれと提案されている。問題は、これらの技術が匿名つぶしに、あるいは言論の自由に対する抑圧にも転用されるリスクをもつだろう、ということにある。もう一つ、タダ乗りによる迷惑行為が露顕し、それに対して訴訟が生じた場合には、加害者に懲罰的な賠償金を支払わせる、といった手段もあるかもしれない。

操作主義的な定義

まとめよう。二一世紀初頭の現在、これは公共財的な個人データ、これは行政保有の個人データ、これは企業の保有する個人データ、これは自己実現にかかわる個人データ、これは本人に貼りついた機微にふれるデータなどと、これらを区別することが困難になっている。これに応じて、法律は、おなじ個人データについて、あるいは公開を許し、あるいは秘匿を保証し、あるいは商用として自由化し、あるいは監視用として強制収用する、という状況になった。

つまり、個人データの価値も個人データの保護も文脈依存的である、ということである。これに対応して法制度もややこしくなっている。その極端な例を挙げようか。それは日本の個人情報保護法である。これは二〇〇三年に制定されたこともあり、それまでに露わにされた論点を包みこんだ体裁になっている。

ここにいう文脈依存性は、ここでは個人データの定義に、その定義の錯綜した形に反映している。その錯綜した姿を、そのままでは逐条解説になってしまうので、ここでは整理して示そう。なお「⊃」は「含む」を意味する記号である。

「個人情報」∪「個人データ」∪「保有個人データ」

個々の用語の定義は省く。注意すべきは、ここでは個人データという概念が三つに分割され、階層化されていることにある。なぜ階層化されているのか。それぞれに対して保護の扱いに軽重をつけたためである。言い方をかえれば、個人データの定義がそれに対する操作によってなされている。一メートルの長さは一メートルの物差しで測ることによって定義できる。これは二〇世紀初頭に実験物理学者パーシー・ウィリアムズ・ブリッジマンの主張したことであった。操作主義と称するこの発想が、その後、心理学の分野に浸透したことは知っていたが、それが理念を大切にする法学の分野にも及んできた、ということか。

いずれにせよ、この定義は、個人データが一筋縄では扱えなくなったことをまざまざと示している。

文献

（1）矢野直明『サイバーリテラシー：IT社会と「個」の挑戦』日本評論社、二〇〇一
（2）東浩紀「情報自由論」（二〇〇二、二〇〇三）、〈http://www.hajou.org/infoliberalism/9.html〉
（3）田中裕・板倉征男「プライバシー情報の階層化に関する一考察」『SCIS 2005予稿集』、二〇〇五
（4）11章（7）
（5）鈴木正朝「個人情報保護法と企業対応」『法とコンピュータ』23号、九七―一〇〇頁、二〇〇五
（6）岡村久道『情報セキュリティの法律』商事法務、二〇〇七

15 保護も、監視も、侵害も

プライバシー保護という主題は、独立しているものではない。それは、同時代のさまざまの社会現象——技術、ビジネス、生活慣行、統治方式など——と抜き差しならない関係をもっている。つまり、プライバシー保護は、あるいは新しく出現しつつある監視システムは、これらを含んだ大状況のなかに置いてみなければならない。その大状況のなかでは、プライバシー保護も監視システムも、ビジネスの関係者にとっては単なる事業機会にすぎない。

一望監視なし

まず、コンピュータ西暦二〇〇〇年問題をみよう(1)。これはコンピュータ——メインフレームからマイクロ・コンピュータにいたる——のもつほとんどのソフトウェアが、二〇〇〇年一月一日〇時〇分〇秒に不具合を生じるという見通しであった。これについては原因は既知であり、しかも全地球的に、さらに国の主導のもとに対策が進められたにもかかわらず、くわえてその関係者は膨大になると予想されたにもかかわらず、その結果をきちんと予測できた専門家はいなかった。現代の技術が、そして関係者が、過度に細分化されていたためであった。

二〇〇三年八月一一日に生じた北米大停電についてはどうか。[2] それは米国八州とカナダ二州にわたった。ここでは発電事業と配電事業とが分割されていた。くわえて、その配電システムにおいても、その運転事業と監視事業とが分割されていた。つまり全域にわたる単一の制御機能がなかった。これがあだとなった。

二〇〇七年八月に米国で生じた個人向け住宅融資に関する信用不安についてはいかがか。これも原因は明らかであるにもかかわらず、その実態を誰もが摑みかねている。この分野には先進国のすべての中央銀行も含めて、全世界にわたり専門家がゴマンといるはずであるのに。ここでは金融商品がくり返し細切れにされており、誰がリスクを負担しているのか当事者にも分からない、という。

もし、私たちの社会に「一つの政策、一つのシステム、ユニバーサル・サービス」(11章) があったとすれば、このような不可解なことは出現しなかったろう。前記の現象は、技術にせよ制度にせよ、その全体にわたり最適化をはかる制御機能がこの社会から失せていたことを示している。なぜ、こうなったのか。

データ保護という事業機会

ふたたびEU議会の『エシュロン報告』(6章) について。この報告は大規模システムを語る場合に無視することのでとない二つの論点を示していた。[3] その一。そのアプリケーション——ここでは傍受活動——は産業に成長した。その二。そのアプリケーション技術——ここでは傍受技術——は特定の部門、特定の人びとの手を放れて普及してしまった。まずは、この注釈を試みたい。

『エシュロン報告』の第一論点は、通信傍受活動が大規模な産業活動になったことにある。ここにいう「通信傍受活動」は「プライバシー保護にかかわる活動」あるいは「監視にかかわる活動」といいかえてもよいだろう。

プライバシー保護、あるいは個人データ保護の利害関係者を列挙しようか。まず、データ主体。ついで個人データのサービス企業、たとえば信用販売企業。その周辺に、その支援企業、たとえば電話事業者。あるいはその規制官庁とその関連組織、たとえば通信や信用販売の所管庁、そのさきにある民間の認証機関、あるいは監視機関。

さらに、保護手段、あるいは監視手段の技術開発を業とする企業、これに協力する研究機関や大学。また、保護にかかわる紛争を受けるADR——たとえば仲裁——の機関、紛争を裁く法廷、そこでの主役となる法律事務所など。

さらに自由人もいる。たとえば、監視の正当性を論じる法学研究者、そのリスクを指摘するジャーナリスト、権利侵害に対峙するNPOなど。

プライバシー保護あるいは監視活動という主題は、その周辺に多様な、しかも無数の事業機会を作りだしている。ここにアトランダムに生じるあれこれの事業機会は「一つの政策、一つのシステム」の理念を風化させることになる。これが第一の論点の導くところとなる。

『エシュロン報告』はその第二の論点として「ムーアの法則」に言及している。この法則は、じつはアンバンドリング、ベスト・エフォート、部分最適、短寿命、タダ乗り可、一人アプリケーション、ブレークスルー、リスク選好――このような現代技術の諸特徴と密接にかかわっている。[4] ここに第Ⅰ部、第Ⅱ部でたどってきた多様のデータ保護技術や監視技術を重ねると、プライバシー保護活動のもつ、もう一つの側面がみえてくる。

ムーアの法則であるが、これは半導体の性能――ただしくは集積度――が一八カ月ごと――その開発初期には二年ごと――に二倍になるという経験則を指している。ゴードン・ムーア――インテルの設立者――が一九六二年に最初に指摘し、もう四〇年間も続いている。

ムーアの法則は、半導体のすべての応用分野に、つまり情報技術と通信技術の分野に、急速な、しかも継続的かつ長期的な発展をもたらした。[5] それはあれこれの分野に、かつて存在しなかった新しい技術成果をつぎつぎに作りだしている。ムーアの法則の含意は、ある技術製品について、もしユーザーがおなじ性能でよしとするならば、その価格を大幅に低下できる点にある。価格の低下は、当の製品の普及にとって強い駆動力となる。

ムーアの法則をもっとも反映しているのは、いわずとしれたコンピュータである。半世紀前、私が最初に手を触れたメインフレームと、現在、手元で使っているパソコンとを比べてみよう。後者は前者に対して、性能比で数千倍以上、価格比で数千分の一以下、になっている。このような途方もない技術発展はデジタル技術の全域にわたり、その中心にパソコンが生まれたことになる。見方を変えれば、半世紀前には稀少な資本財であったものが、現在ではありふれた消費財になった、ということになる。

稀少な資本財であれば、これを計画的に導入しなければならない。メインフレームの初期——一九六〇年代——に、民間の企業は「経営情報システム」という掛け声のもとにその利用を図った。この掛け声は当の組織の全活動領域にわたる最適化を狙う概念であった。この概念を意識的に洗練したのが日本の電電公社で、「先進的、全国的、公共的」なシステムから建設すると公言していた。いっぽう、今日、ありふれた消費財となったパソコンは、あるいは文房具、あるいは玩具、あるいは郵便受け、あるいは楽器として使われるようになった。

稀少な資本財とありふれた消費財、この違いは大きい。稀少であれば、システムの所有者はだれそれと特定できる。したがって専門家による制御も支配も可能である。だが、これがありふれた消費財となると、その大部分のユーザーは、アマチュア、あるいはレイマンになる。これらの人びとに対しては、もう、専門家のさしでがましい手は及ばない。そうしたユーザーにとっては、パソコン製品はブラックボックスになる。ブラックボックスであれば、それはあてがい扶持、あるいは使い捨ての道具になる。

とすれば、ここでは「一つの政策、一つのシステム」は多様な無数の小型システムによって挑まれることになる。これが『エシュロン報告』の示す第二論点の帰結となるだろう。以下、上記の第一論点と第二論点について、その理解を膨らましてみよう。

アンバンドリング

改めて、電話ネットワークについて考える（11章）。ここにはAT&T流の「一つの政策、一つのシステム、ユニバーサル・サービス」があった。だが、半導体応用技術の発展とともに、ユーザーは「あまねく等しく」のユニバーサル・サービスのみでは満足しないようになり、そのうえに、単なる音声通信のみではなく、自由に選択できる付加的な高度サービスも求めるようになった。

これに応えて、在来型の全国的な通信サービスは「基本的なサービス」と「付加的なサービス」とに分裂した。前者は「あまねく等しく」的なアプリケーション、後者は選択的なアプリケーションである。この分裂は、端末の自由化、ついでデータ処理の自由化、といった形で口火を切り、この四半世紀、それは絶えることなく今日まで続いている(6)。

ということで、電話サービスとその関連事業分野には多数の事業者が、それぞれに個性あるアプリケーションをもって参入するようになった。同時に、それぞれの個性によって市場で競争するようになった。ただし、その競争がいかに激しくとも、そのアプリケーションはどんなユーザーからであってもアクセスできなければならない。アプリケーションに対するこの条件を相互接続性、相互運用性と呼ぶ。それぞれの意味については、字面から判断してほしい。この条件を充たすために、事業者はそれぞれのアプリケーションについて、たがいの接続規格を共有しなければならず、その前提として当の接続規格を公開するようになった。

このようにして、本来、一体となっていたネットワーク、システム、あるいはアプリケーションが分割され、それぞれをべつの事業者が市場でサービスするようになった。ユーザーはこれらを選択して購入し、それらを組み合わせて使うことができる。製品やサービスの一体型から分割型への分化を、業界では「アンバンドリング」という。

「アンバンドリング」は、じつはＩＢＭが一九六〇年代にいいだした販売政策であった[7]。それまではＩＭＢの製品はそのサービスと一括して販売されていた。これをハードウェア、ソフトウェア、そして保守サービス、教育サービスへと分割し、それぞれに値札をつける。これがＩＢＭのいうアンバンドリングであった。

アンバンドリングの後、ＩＢＭ製品については、いや、ＩＢＭ製品に限らず、ハードウェアについてもソフトウェアについても互換製品――おなじ接続規格をもつ他社製品――が市場に出現するようになる。ユーザーは、真正品とたくさんの互換製品のなかから、みずからの業務にあわせて、適切な性能価格比をもつ製品を選択できるようになった。このアンバンドリングがさらなるアンバンドリングを導き、これが今日のパソコン関連の多様なビジネスを生んだことになる。

ということで、電話事業においてはＡＴ＆Ｔの独占が破れ、コンピュータ事業においてはＩＢＭの独占が崩れた。同時に、ここに多数の事業者が参入するようになった。

ただし、このときにユーザーが失ったものがある。それは全システムの品質や信頼性について、ＡＴ＆Ｔに、あるいはＩＢＭに、その全責任を負わせることができなくなったことである。こうした事情で、アンバンドリングの生じた事業分野からは「偉大なる兄弟」は退出したことになる。

パソコンは情報システム分野における「偉大なる兄弟」の理念を壊してしまった。パソコンは監視や制御の及ぶシステムではない、単なる文房具にすぎない、文房具によって慎重な扱いを要する個人データを管理できるはずはない。この四半世紀を通して、私はパソコンをこう扱ってきた。[8]

ベスト・エフォート

インターネットはアンバンドリングによって発達したネットワーク・サービスである。ユーザーの契約相手は、まず電話会社、つぎにインターネット・サービス・プロバイダー（ISP）、さらに特定のアプリケーション——たとえば、金融取引——のサービス企業とべつべつになる。つまり、インターネット・サービスそれ自体は、回線の単なる利用サービスや、個々の複雑なアプリケーションのサービスとは切り離されることになる。つまりインターネットは、アンバンドリングの効用を見事に使いこなしたネットワークである。これができたのは、ユーザーに高性能、低価格の端末を負担させたからである。ムーアの法則によって、くわえて量産の効用によって、これが可能になった（5章）。

インターネットは単一の事業者が運用するネットワークではない。[9] 多数の大小の事業者が回線をもちよって相互に接続したネットワークである。しかも、その接続関係は平等なものではない。中央にごく少数の大規模ISPによる基幹ネットワークがあり、ここに多数の中小のISPが片務的な——それも透明ではない——契約によって接続している。

つまり、インターネットの全域にわたる一元的な制御組織というものは存在していない。したがって、なんらかの不具合――たとえば渋滞――が生じたとしても、それぞれの事業者は、みずからが制御できる範囲内において、その復旧のために最善の努力をすることしかできない。このときに不具合を除去できなかったとしても、そこまで責任を負うことはできない。あとはユーザーに我慢してもらう。この慣行を「ベスト・エフォート」と呼ぶ。(10)

したがってインターネットにおいては、ISP相互間においても、そのさきにぶら下がっているユーザー間においても、そこには水平的、並列的な関係があるだけ、ということになる。これらの関係を支えるものは交渉、それに相互監視、この二つである。つまり、ユニバーサル・サービスにあった「管理↕信頼」の上下関係は、ベスト・エフォートにおいては「交渉、そして相互監視」の水平関係へと移行する。(11) 前者には物理的な強制力がともなうが、後者にはそれがない。

このために、インターネット上ではタダ乗りが横行する。ISPは、ユーザーへの料金請求を定額制でおこなう。ユーザーごとに通信量を測定して、従量制の料金を勘定するといった面倒なことはしない。ユーザーからこれをみれば、大量のメッセージを送っても費用はそのまま。だから、スパム・メールや映像の送り手に対しては、それを思いとどまらせる誘因がない。このときに、ヘビー・ユーザーはそうではないユーザーにタダ乗りしていることになる。しかも、渋滞は放置されるまま。ベスト・エフォートだから。同様のタダ乗りは、ISP相互間でも生じる。ISP間の料金決済も定額制となっている。

タダ乗り自由、つまりアクセス自由によって生じるこの型の資源の逼迫を「共有地の悲劇」と呼ぶ。

この言葉は、現行の分散型ネットワークをとるかぎり、インターネットにとっては避けがたい問題点になる。

インターネットにベスト・エフォートが実現したのは、この分野に自然発生的にアンバンドリングが導入されたためである。そもそもインターネットは学術研究分野のアプリケーションとして開発されたものであり、電話ネットワークのようにユニバーサル・サービスを求められる存在ではなかった。

ということで、インターネットは通信における「偉大なる兄弟」の理念を打ち砕いてしまった。インターネットは一元的な制御の及ぶネットワークではない、それは「しつけのよいアナーキズム」によってからくも支えられた共有地にすぎない。共有地に機微な扱いを求められる個人データを放置することなどできない。その商用化以降、私あるいは彼女はインターネットにこのように接してきた[12]。

一人アプリケーション

デジタル技術の分野においては、かつての資本財が、いつしか消費財になってしまった。誰もが、かつては大企業や国の組織だけがもつことのできた装置を所有できるようになった。このときに、個人起業家にとって好ましい環境が生じた。彼あるいは彼女は、このデジタル技術を使いこみ、新しい事業を起すことができるようになった。このような事業を「一人アプリケーション」と呼ぶことにしたい。このような個人起業家を、かつてジャーナリストのアルヴィン・トフラーは「プロシューマー」——プロデューサー兼コンシューマー——と名づけ、その出現を予言していた[13]。

個人起業家あるいはプロシューマーは、アンバンドリングをよしとする事業環境に支えられて出現した。アンバンドリングは、さらなるアンバンドリングを生じる。このようにして、マラソン走者的、垂直統合型の大規模事業を支配する少数の巨大企業は、リレー走者的、小規模かつ短寿命型のジョブをこなす多数の個人起業家へと席をゆずった。

アンバンドリングは、それまでの全体最適化、長期的な安定成長を図るユニバーサル・サービス的な事業を分割してしまった。これに代えて、部分最適化、さらには短期的利益の最大化をよしとする事業を数多く作りだした。ビジネス・モデルのこの変化を「蓄積モデルから確率モデルへ」と呼ぶ研究者もいる[14]。前者はたとえば日本のケイレツ・モデル、この意味は自明だろう。後者はたとえば米国のシリコンバレー・モデル、こちらは「何が当たるか分からない分野で数を打つこと」を目指す事業である。

ここへ参入者を導く理念は何か。これを技術者は「ブレークスルー」という。この言葉は「できることはなし遂げる」という心意気を指す[15]。これを「数を打つ」ことと呼んでもよかろう。いずれにしても、リスクに賭ける覇気を表している。

あともどりするが、一人アプリケーションが可能になったのは、技術がこれを許す形になったためである。モノの時代には、ここに参入する事業者は、実験室、工場といったように、それなりの設備を調達しなければならなかった。だが、この条件が消えた。個人が家庭のなかでも技術開発ができるようになった。

この特徴を一言でいえば、それは「モノ離れ」である。[16] 第一に、ムーアの法則の帰結として、ハードウェアは低価格かつ規格品、つまり汎用品になり、誰でも扱えるものとなった。第二に、これもムーアの法則の帰結として、ハードウェアをふんだんに使えるようになった。インテルが量産しマイクロソフトが蕩尽する、という時代になった。つまり、不細工なソフトウェアでも、まあ、商品化できるようになった。また、不細工でも高機能を組みこめるようになった。第三に、そのソフトウェアをゼロの限界コストでコピーできることとなった。そのコピー装置は誰にも入手できる価格であり、その操作に技能の熟練を求められることもない。

これらの事実が、ここに個人起業家を引きこみ、ついでに、ここにタダ乗りの利け者までを連れこむ誘因となった。日本では、新しい会社法がこの傾向を後押しすることになるだろう。[17] その新会社法は一人取締役、一円資本金を認めている。

このようにして、個々の事業、あるいは個々のアプリケーションといってもよいが、これらは部分最適化と短期的目標のもとで行動することとなる。部分最適化は、それぞれの事業の間に軋みをもちこみ、短期的目標はその事業を短寿命でもよしとし、その事業の安定性を損なうものとなる。どちらも、当の事業、あるいは当のアプリケーションにリスクをもちこむ要因となる。くわえて、ここにはベスト・エフォートの価値観がまかり通っている。これらの諸観念は、リスク選好という根性あるいは稚気を、この分野の事業者に注ぎこむことになるだろう。

もう一つ。部分最適化と短寿命という発想のもとでは、品質管理や保守がないがしろにされる。ここでもリスク選好の発想は増幅されるだろう。万人に目配りを図る「偉大なる兄弟」は過去の存在になった。

リスク選好

話が行ったり来たりしたが、ここで整理しておこう。

第一。ユニバーサル・サービスが消えた。同時に、アンバンドリングが時代の主流になった。

第二。個人起業家のたぐいが、大量に市場に参入してきた。彼らを律するものはブレークスルー、その狙うものは部分最適である。また、その手立ては「数を打つ」こと、当たっても短寿命でよしとする。いずれも市場にベスト・エフォートの気分を拡げた。

第三。一人アプリケーションが可能になった。これは技術的にはムーアの法則がもたらし、制度的にはアンバンドリングが呼びこんだものであった。

第四。アンバンドリング、ベスト・エフォート、一人アプリケーション――これらは市場のなかに多数の小規模システム、零細システムを作りだした。これらのシステムは互いに重なり、同時に、互いに溝を作る。あるいは、短寿命で消えてしまう。

第五。部分最適のシステムが、事業者ごと、業界ごと、アプリケーションごと、技術分野ごと、法律分野ごと、国ごと、とさまざまな形で作られ、にもかかわらず、これらが重畳して、ここで活動する個人や企業の行動を制御するようになった。

第六。その部分最適化はここへの参入者による好いところ取りの形でなされた。したがって、旧システムに含まれていた溝さらいのような機能はどの事業者からも見放され、これが澱のように残ったままである。たとえば、日本の銀行のATMサービスについてみると、肝心のカードの仕様は一九七二年に定められたままのもの――暗証番号四桁など――がなお通用している。

第七。モノ離れが進行した。どんなシステムにおいてもソフトウェアの負担が大きくなった。そのソフトウェアにはかならず欠陥――技術者は「虫」という――が含まれる。したがって、ソフトウェア製品には完成品という概念はない。「版」という概念があるだけである。このソフトウェアに潜む虫がリスクを導く。

第一~第七の状況は、いずれも「偉大なる兄弟」の退出を促すものである。同時に、ここに誰にとっても制御不能のリスクを潜ませることになった。社会の全域にわたり、リスク選好の要因が埋めこまれたことになる。[18] アンバンドリングは、この制御不能のリスクを、より頻繁により大規模な形で表面化させるようになった。

矛と楯の連鎖

リスクはビジネスのなかにも社会のなかにも拡散するようになった。だが、アンバンドリングをよしとし、ブレークスルーに賭ける個人起業家はたじろがない。彼らは、社会のなかに潜んでいるリスクを事業機会へと組みかえてしまう。このような行動は『韓非子』のいう「楯と矛」の論理によって、正のフィードバック回路を作って増殖することになる。つまり、リスクを矛とみたときに、つぎの連鎖が生れる。

矛→それに対する楯→それに対する矛→それに対する楯→……

ここでは、リスクが増えても減っても、技術はその繁栄を続けていくことができる。その典型例を、私たちはセキュリティ工学のアプリケーションとして、さらには金融工学のアプリケーションとしてみることができる。

「矛と楯」の連鎖を支えるものが、技術の「横滑り性」あるいは「両用性」という特徴である（8章）。技術製品には、それが当初の狙いから外れて拡がるものも少なくない。閉回路TVカメラとRFIDタグとについてはすでに示したが、これらは安全監視用にも犯罪監視用にも使われている。さらには犯罪用に使うこともできるかもしれない。この特性は、リスク関連分野のものであれば、どんな技術製品、技術サービスにもついてまわる。ナイフ、麻酔薬、ファイル交換ソフトウェア、暗号技術、いずれもその好い例である。

矛と楯の論理であるが、この論理を貫徹するためには、ここへの参入者がクリーム・スキミング——好いところ取り——できるように環境が整っていなければならない。このためには、市場も技術とともにアンバンドリングされていなければならない。

矛と楯の論理について続ける。ここまで、この論理を技術発展にそくして示してきた。だが、おなじ論理をビジネスの展開のなかにも、制度の変更のなかにも、みつけだすことができる。

まず、ビジネスの分野においては

新しい事業↓その無効化↓さらなる新しい事業↓その無効化↓……

という連鎖がある。ここにいう無効化とは、競争者によるタダ乗り、そして侵害者によるタダ乗りを指す。侵害者には、事業者もありうるが、消費者もありうる。

まず、事業者としてのタダ乗り。どんな事業分野においてもかならずアウトサイダーが現れる。このような事業者が侵害者になる。つぎに、消費者としてのタダ乗り。消費者であっても高性能の装置と高度の専門知識をもつことができる。彼らは、あるいは意図的な侵害者として、あるいは楽天的なアナーキストとして、市場を攪乱することができる。

矛と楯の論理は、法制度の世界でも実現している。それは

新しい侵害↓その規制↓さらなる新しい侵害↓その規制↓……

という形で進行している。この姿は、たとえば米国におけるプライバシー保護にかかわる法律の制定年次をたどってみれば一目瞭然となる（1章）。プライバシー保護の制度は一九七〇年の公正信用報告法にはじまり、最初のうちは数年おきに、一九九〇年代以降は毎年のようにその改正をくり返し、

その連鎖を伸ばしている。日本でも、インターネット関連の法規の動きをたどってみると、ここに矛と楯の論理が貫いていることが分かる。

矛と楯の論理は、このように技術の分野、ビジネスの分野、制度の分野に、それぞれシステムとして組みこまれている。くわえて、その技術分野、ビジネス分野、制度分野における矛と楯の論理は、たがいに抜き差しならない関係を作っている。私たちは、もう、ここから逃れることはできない。

この抜き差しならない関係のなかにありながら、個々の参加者は、それぞれ部分最適、短寿命、ブレークスルー、ベスト・エフォートの思惑をもって行動している。このような環境において「一つの政策、一つのシステム、ユニバーサル・サービス」を求めることは可能だろうか。「偉大なる兄弟」を呼びこむことは可能だろうか。

『一九八四年』回顧

こぼれ話を一つ。一九八三年末、私は「情報社会にはアナーキズムがはびこる」という文章を書いた[19]。このとき、オーウェルの語った『一九八四年』が目前に迫っていた。世間では管理社会のリスクを懸念する論評が噴きだしていた。この論議に私も巻きこまれたのであった。以下、その末尾の部分を引用しておきたい。

きたるべき情報社会は、硬直した大型システムと多様化した小型システムが、また、洗練した専用システムと低品質のアマチュア用システムが混在するものとなろう。

ここでは、ユーザーは、あるいは「魔法使いの弟子」のように自分のシステムに反逆され、あるいは「ハメルーンの笛吹き」に連れ去られた子供のように、コンピュータ大衆化の流れに翻弄されるのだ。

このときに、「見えざる手」も「計画化・管理化」も支配できない。全体的な最適化など思いも及ばない。無駄（たとえば、システム間の非互換性）も多いはずだ。だが、その無駄が多くの人に仕事（たとえば、付加価値ネットワークの構築）を用意できる。つまり、情報社会というものは、失業者を疎外する静的で効率的な社会ではなく、無駄を創出する動的で不均衡な社会なのだ。情報社会のアナーキズムは、多くのビジネス機会を創出するだろう。

当時、管理社会論一色に染めあげられたこともあり、この拙論は珍しがられ、英語にもフランス語にもなった。いまにしてみれば、われながら甘い、というところもある。だが、大筋においては、その後の四半世紀は、パソコンやインターネットの普及にもかかわらず、いやそれがあったからこそ、ほぼこの通り動いている。個人データ流通についてみても、それは野放図になるいっぽうである。なお、文中の「計画化・管理化」そして「見えざる手」も、これを「偉大なる兄弟」と翻訳すれば、この本と平仄があう。

前記の文章には大規模システムへの言及はない。これについて私は、当時、情報システム管理の基礎論——類書はなかった——を著し、ここでもその結論としてつぎのように示していた。[20]

大規模情報システムの硬直性は何に由来するのか。それは、情報システムが高価な、巨大な、汎用コンピュータにあわせて構築されたからである。情報システムは人間の管理能力にあわせて構築されたわけではなかった。

巨大システムは、たくさんの人びとにサービスを提供する。だが同時に、それに参加するすべての人びとの行動を管理する。そのためには数多くの規約が必要である。システムは複雑となる。それは参加する個人の認識しうる限界をこえる。だから、システムに機能不全があっても、誰も気づかなくなる。つまり、このシステムは好き勝手に動くようになる。制御できない。こうして硬直化が完成する。

したがって、情報システムの硬直性を除くためには、その規模を人間の管理しうる大きさに分割しなければならない。

私は、この意見についても変えるつもりはない。無防備だ、楽天的にすぎる、とそしられるかもしれないが。四半世紀をけみした現在、大規模システムは、その数は少なくなりながらも、またレガシー・システムと軽蔑されながらも、なお稼働している。

第三世代のプライバシー保護

いい残したことがあった。それは、公的な少数の大規模システム——監視システムを含む——と、私的分野にあるおびただしい数の小型、短寿命のシステムとは共存可能か、という設問（11章）に対する回答である。答えはつぎのようになるだろう。大規模システムは硬直化しつつ存在し続ける。小型システムは、アナーキズムの流れのなかで世代交替をくり返す。

このような環境のなかで、前者はその業務をしだいにアウトソーシングせざるをえない。そうしなければ、システムは硬直し、変転を重ねる環境に対応して延命を図ることができない。いっぽう後者はそのアウトソーシングを事業機会として捉え、その受け皿となることによって、前者の「偉大なる兄弟」的な機能をみずからのシステムのなかに組みこむことになる。この移行の過程にアンバンドリングが生じ、「偉大なる兄弟」的な機能は——そのなかには監視機能もある——細切れになり、あわせて社会のなかに拡散するだろう。ここに残るものは相互監視という秩序になる。それは、手っ取り早くいえば、「万人の万人に対する監視」になる。

ということで、近未来に完全な一望監視システムが構築され、これが「偉大なる兄弟」として支配することはない、と私は考える。一望監視システムについて、その技術開発、その実用化が試みられることはあるだろう。だが、これがかりに構築されたとしても、それが完全な機能を発揮することはないだろう。残るものは「万人の万人に対する監視」のみ。これが私の見通しである。

第一世代のプライバシー保護を支える理念は「独りにおいてもらう権利」であった（1章）。第二世代のそれは「自己情報に関する流通制御権」であった（4章）。しからば第三世代の理念、つまり相互監視の環境下における理念は何か。ここではすでに自己データは相手に捕捉されている。とすれば、せいぜい可能なことは、現状の追認と咎められることを覚悟しなければならないが、その捕捉されたデータの濫用に歯止めをかけることしかない。そのための算段として、個人データの利用にコストをかける、つまり対価を支払わせる、という解があるだろう（14章）。こう考えると、第三世代のプライバシー保護理念は「自己データの利用に対価を求める権利」ということになる。いうまでもないが、第三世代のプライバシー保護は第一世代、第二世代の保護と重なって働く、としたらよい。問題は、かりにこの新しい理念が制度化されたとして、その実効性をどのように保証するのか、という論点にかかわる。第一に、個人データの対価を定める尺度は文脈依存的になるが、その尺度を誰が決めるのか。第二に、個人は、この権利をたとえば企業に対して主張する力量をもつことができるのか。いずれに対しても、私は楽観的な見通しをもっている。前者については、EUの個人データ保護指令にいう独立監視機関（12章）を制度化すればよい、と考える。また後者については、個人データ利用に対する請求代行ビジネスが市場に生じるはずである、とみている。

イノベーションの術中に

二一世紀初頭における私たちの社会は、矛と楯の論理をよしとする企業人によって支配されてしまった。この論理のなかに「プライバシー保護」も「監視システム」も組みこまれてしまう。矛と楯の論理は、この社会をアナーキズムに導き、これによって事業機会を作りだすことによって、自己を貫徹するのである。この矛と楯の論理を、それがもたらすアナーキズムも相互監視も含めて、経済学者は「イノベーション」と呼んでいる。

最後に一言。私は矛と楯の論理がまかり通る社会をよしとしているのではない。私の想念や懸念にかかわらず、そうなるだろう、と呟くのである。

文献

(1) 名和小太郎「「コンピュータ西暦二〇〇〇年問題」はなんであったか」『UP』33巻7号、三六―四〇頁、二〇〇四

(2) 名和小太郎「北米大停電」『情報管理』49巻9号、五一三―五一四頁、二〇〇六

(3) 6章 (17)

(4) 名和小太郎『イノベーション 悪意なき嘘』岩波書店、二〇〇七

(5) 山田肇『技術経営：未来をイノベートする』NTT出版、二〇〇五

(6) 林紘一郎・湯川抗・田川義博『進化するネットワーキング：情報経済の理論と展開』NTT出版、二〇〇六

(7) 12章 (12)

(8) 名和小太郎「プライバシー保護法制化問題の諸相：技術的観点からみた空洞化対策」『週刊テレコム』一四〇九号、一二―一五頁、一九八八

(9) 福家秀紀『ブロードバンド時代の情報通信政策』NTT出版、二〇〇七

(10) 坂村健『ユビキタスとは何か：情報・技術・人間』岩波書店、二〇〇七

(11) 岩村充・神田秀樹「データ保護の技術と法」『法とコンピュータ』13号、一〇九―一二〇頁、一九九五

(12) 名和小太郎「創造的破壊をするインターネット」：日本能率協会編『入門インターネット』一五―五一頁、一九九五

(13) アルビン・トフラー（鈴木健次ほか訳）『第三の波』日本放送出版協会、一九八〇（原著一九八〇）

(14) 米倉誠一郎『経営革命の構造』岩波書店、一九九九
(15) 市川惇信『ブレークスルーのために：研究組織進化論』オーム社、一九九六
(16) 池田信夫『情報技術と組織のアーキテクチャ：モジュール化の経済学』NTT出版、二〇〇五
(17) 牧野二郎『新会社法の核心：日本型「内部統制」問題』岩波書店、二〇〇六
(18) 名和小太郎『デジタル・ミレニアムの到来：ネット社会における消費者』丸善、一九九九
(19) 名和小太郎「情報社会にはアナーキズムがはびこる」『エコノミスト』61巻48号、二三一二七頁、一九八三
(20) 名和小太郎『変りゆく情報システム部：人・技術・管理』企画センター、一九八〇

あとがき

二〇世紀は、あいつぐイノベーションが伝統的な社会秩序を破壊し、これを再構成する時代であった。この破壊と再構成のプロセスを、論点を現代的なプライバシー保護——つまり個人データ保護——にあて、これを事実にそくして確認してみたい、これがこの本にかけた私の狙いである。いま事実にそくしてといったが、これはプライバシー保護という社会現象を、こうあるべしといった理念を外して観察してみたい、という意味である。

問題はその事実として何をとるのかにある。私は、それを米国の判例から選ぶことにした。判例は、その社会において、既存秩序のほころびを示す指標であると考えたからである。ただし、私はプライバシーにかかわるすべての判例を参照したわけではない。一人のレイマン、つまり非専門家にそのような力量などあろうはずはない。私は「Xおよびプライバシー」というキーワードで判例データベースを走査し、ここで引っ掛かってきた出力を材料にした。なお「X」としては、たとえば「盗聴器」「赤外線監視カメラ」「クッキー」「RFID」「データ・マイニング」「DNA指紋法」を入れてみた。

もう一つ、米国の判例を利用したのは、第一に、米国に先進事例のあること、第二に、米国の判例データベースが完備していること、この二つの理由があるためである。

私は、法律についてはレイマンにすぎない。それが、なぜ、といぶかる読者がいらっしゃることだろう。ということで簡単な自己紹介をしておきたい。

私は、出自は技術者であるが、偶然のなせるわざで、一九八〇年代にはデータベース業界の役員として、九〇年代には法学部の教師として、それぞれの末席を汚した。この間、勧学院の雀としてプライバシー問題にも多少のかかわりをもった。たとえば、ビジネス界の個人データ保護に関するコード作りに参加したり、ある政令指定都市の個人情報保護条例の制定と運用に首を突っこんだりした。政府税調の下請けで納税者番号制度のドラフトを作ったこともある。これらの経験がこの本を書く駆動力になった。

手前味噌になるが、この本の効用を吹聴しておく。目次をご覧いただきたい。多少ともプライバシー問題についてご関心のある方であれば、この章立てはいったい何、と怪しむかもしれない。じつは私は、すくなくとも目次については類書なし、と言い切れる本を書きたかった。なぜ、こんな目次になったのか。それはプライバシー保護について、元技術者である私が、あるいは元企業人である私が、おもしろいと思った事例を列挙したからである。この点、まず、読み物としても楽しんでいただけるはずである。つまり、この本は逐条解説でもなければ、マニュアルでもない。

もう一つ。私は、この本で、多様な論点をたくさん紹介しようと試みた。そのなかには、暫定的な解、あるいは宙ぶらりんの解も少なくない。この点、大学院の学生諸君にとっては、テーマ探しのためのガイドになるはずである。

私はこの四半世紀を通して、プライバシー保護という主題に、細ぼそではあるが、そして途切れることもあったが、それなりにかかわってきた。この間、この主題についてさまざまの方がたからご教示をいただいた。また、古希をすぎての退職後、多くの方がたが引っこみ思案になる私を励まして実世界につないでくださった。青柳武彦、石井夏生利、井出嘉憲、遠藤薫、大野幸夫、大谷和子、大谷卓史、岡村正道、片方善治、加藤多恵子、加藤尚武、川端亮二、久保悌二郎、阪本昌成、東海林邦彦、新保史生、杉本潔、杉本泰治、鈴木茂樹、鈴木正朝、高木教典、多賀谷一照、辻井重男、苗村憲司、長尾真、仲保暁生、西岡秀三、西垣通、長谷川一、浜田良樹、林紘一郎、藤原鎮男、堀部政男、牧野二郎、増田聡、松浦康彦、村田祐子、矢野直明、山川雄巳、山田肇、山田豊、山本順一、山本草二、吉岡斉、若松征男の諸姉兄が先達として、そして忘年の友として私を導いてくださった。

この著作は、すでに述べたように、法学データベースの自由な利用が前提になっているが、情報セキュリティ大学院大学はこのための環境を用意してくれた。また、この著作について発表の機会を作ってくれたのは、またもや島原裕司さんである。こんどの本も校正を病室でおこなうはめになってしまい、島原さんの負担を大きくしてしまった。以上のすべてのみなさまに、ありがとう、と申し上げる。

現代の技術は激しく変化し続けている。ここに現れる文献はただちに陳腐化し、たちまち忘れさられてしまう。この環境のなかで、三〇年間もなにがしかを書き続けてこられたのは、しかも退役の身になってから一一冊目の本を書けるのは、嬉しい。この本を手にとってくださる読者のみなさまが支えてくださっているおかげである。みなさまに心からお礼を申し述べたい。

二〇〇八年二月

名和小太郎

索　引

＊政府機関，法律の呼称については，それが米国以外のものについてのみ，その国名を表示.

さ 行

た 行

な 行

は 行

著者略歴

(なわ・こたろう)

1931 年東京生まれ．工学博士．石油資源開発（石油の地震探査），旭化成（ロケット・エンジンの生産管理），旭リサーチセンター（データベースの開発），新潟大学教授および関西大学教授（情報通信制度の研究）を経て，現在，情報セキュリティ大学院大学特別研究員．著書に『電子仕掛けの神』（勁草書房），『技術標準 対 知的所有権』（中央公論社），『科学書乱読術』『起業家エジソン』（以上，朝日新聞社），『学術情報と知的所有権』（東京大学出版会），『情報の私有・共有・公有』（NTT 出版），『ゲノム情報はだれのものか』『イノベーション 悪意なき嘘』（以上，岩波書店），『ディジタル著作権』『情報セキュリティ』『エジソン 理系の想像力』（以上，みすず書房）など．

名和小太郎

個人データ保護

イノベーションによるプライバシー像の変容

2008年3月7日　印刷
2008年3月19日　発行

発行所　株式会社 みすず書房
〒113-0033 東京都文京区本郷5丁目32-21
電話 03-3814-0131(営業) 03-3815-9181(編集)
http://www.msz.co.jp

本文印刷所　三陽社
扉・表紙・カバー印刷所　栗田印刷
製本所　誠製本

ISBN 978-4-622-07363-5
[こじんデータほご]